中华经典诵读工程丛书

海内外各界力量全球推动
千百万儿童数年实践硕果

礼记（选）

LI JI

北京四海经典文化传播中心 编

經典誦讀

華夏出版社
HUAXIA PUBLISHING HOUSE

精·熟·悟·用·巧·新

——《中华经典诵读工程丛书》序

经典教育在海内外开展二十多年，越来越多的人已经看到，中国人正处于有史以来最大的一次求学世界的历程，与此同时，中华经典也正在经历有史以来最大的一次普及、弘扬和光大。这套“中华经典诵读工程丛书”，就是诞生于这样的氛围之中。目前入选书目有：《论语》《孟子》《诗经》《礼记（选）》《大学·中庸·孝经》《周易》《道德经·黄帝内经（选）》《三字经 百家姓·千字文·蒙求》《弟子规·龙文鞭影》《声律启蒙·笠翁对韵》，共十种。这十种图书中，既有中华文化的传世经典，又有中华文化的传统入门读物，言语隽永，含义深远；既有文化积累、智慧启蒙的作用，又有规范言行、培养人格的功能，非常适合儿童诵读。

本套丛书的体例是原文加注音，古今字、通假字以右下角黑框标出，人名、地名、朝代名等专有名词以改变拼音字体的形式标出。出于保护儿童视力的需要，我们采用了大字排版的版式，希望孩子能在轻松的阅读中进行背诵。为了保证本套丛书的质量，我们请专业学者在这些经典通行本的基础上进行注音和校勘，并请权威专家进行审定，以保证本套图书的质量。

读书要讲究方法。方法对头，事半功倍。一些大德告诫说：读书贵在读经典，读经典贵在熟读。熟读而后能悟，悟而后能用，用而后生巧，巧而后出新。这也是经典诵读工程推出的初衷。总起来就是精、熟、悟、用、巧、新六个字。其中，悟、用、巧、新这四个过程中是有解释的。但是解释最好在精、熟的基础上进行。至于在心无旁骛、一心熟读的过程中开悟、证悟，那更是了不得的事情，一般所谓解释都用不着了。

读经典就是平素说的精读。精读就是选择最好的书来读，把它读熟，背出来，默写出来。一熟就把书本变成自己的东西，等于放在自家的仓库里，在哪个柜子的哪一层，都知道。随用随取，不会搞错。用多了，自然心灵手巧，会有神来之笔、天造之功，不晓得哪里来的新思路，新主意，新做法。孔子在《周易·系辞》里说“阴阳不测之谓神”，浑然天成，大概就是这种境界了。

精、熟、悟、用、巧、新——六个字中，精、熟是根基，悟字是关键。悟是左边一个心（忄）、右边一个我（吾），我自己心灵开悟、自己证悟。自己懒得去悟，等着别人讲解，久了自己大脑萎缩，心机不转，手脚不灵，把自己废了。或者好为人师，讲个不停，不给别人自悟的机会，造成他人大脑萎缩，心机不转，手脚不灵，等于把别人废了。古德说："塞人悟门，罪莫大焉。"别人的悟门不要塞，自己的悟门不要堵，有人认为这是中国古代经典教育的一大诀窍。

这个诀窍——

第一，充分相信每个人自己的力量。用现代话说，是以学生为中心，以学生自己学习为主。反过来就不行，譬如母鸡孵小鸡，刚刚孵几分钟，就迫不及待用喙把蛋壳啄开，结果连蛋黄蛋清都流出来，小鸡连影子都没有。这就叫塞人悟门。开门迎客，太客气了，热得烫手，搞得人家坐也不是，站也不是，搞得人家不好意思再来，就是关门的高招，拒客的妙策。开早了、开多了、开宽了、开窄了，都是塞。简言之，滥开就是塞，把学生耳朵捅开往里灌，就是塞。这里所谓学生，包括一切读经典的人，小孩子和大人都算，读经典的老师也算，因为老师读经典的时候就是学生。

第二，尊师重教。经典是圣人贤人的话，圣贤是大家的教师，我们读经典就是对圣贤和圣贤的教导起恭敬心、尊重心，不要随意解释，不要望文生义，不要勉强猜测。怎么办？熟读了再说。熟读就是接触圣贤的原话，等于亲聆圣贤之诲，"与经典同行，与圣贤为友"。好比圣贤就在眼前，无比亲切，耳提面命。直接听圣贤讲话，直截了当，不掺水，无盗版，不需要中间人传话，不轻信道听途说。

第三，得意忘言，离名绝相。语言这个东西，难得说圆满。"名可名，非常名"，言不尽意，"一解释就错"的情况多，更何况意不尽理，理不尽事。圣贤的话，句句实在，不止是说说而已，根本是实证所得。实证所得之意，往往是普通的言语说不尽、道不明的，常常是因人而异、看人说话、因材施教的。贵在对机，贵在得意忘言，离名绝相，付诸行动，在践行中体悟、证悟，而不是寻章摘句，死读书，死讲解。

第四，各类经典的解释，需要过来人，需要明白人，更需要圣贤身教。按照《说文》，所谓教，乃是上行下效的意思。身教重于言教。说多了，言过其实，自己没实证，别人也没实证，就容易把说教看破。看破了经典，谁还读呢？也许是没看破，真的看破就好了，得意忘言了。翻开《论语·阳货第十七》，孔子说：我不想说什么了。天说了什么呢？四季运行，万物生长，天说了什么呢？《论语·里仁第四》又说："君子欲讷于言而敏于行。"如果注有实证的解释，没有严格的践行，没有得意忘言的功夫，很可能把经典解释成离经叛道的空话、大话、怪话。有识之士预言：知识经济中，最大的风险乃是知识风险、经验风险。强不知以为知，就是风险的一种。这也是古人经常提醒的。这个提醒值得注意。在没有圣贤的场合，虽然人人可以畅所欲言，但是不可自以为是。相互交流、共同探讨是可以的，是值得提倡的，但是把一孔之见和主观臆测当作真知灼见，用以注释经典，就可能害人害己，很可能会把解经变成毁经，铸成大错。

第五，自悟贵在无心。有心悟道，难得一悟。无心悟道吗？然而无心则无我，谁在悟道呢？都值得思考。《论语·子罕第九》说："子绝四：毋意，毋必，毋固，毋我。"看来是主张把我字丢掉，把偏狭的臆测丢掉。虽然说代人吃饭、替人读书、替人悟道都做不到，然而自己亲自吃、亲自读、亲自悟的时候，却不能自以为是"皇上"，反而要放下这个"朕"、这个"我"、这个皇位，学"无位真人"，虚怀若谷，上下与天地同流，拜众人为师，才成。不过这样一说，似乎已经在解经典，进了自己所设的禁区，因此需要补充一句：此话属于自言自语，也可以作为畅所欲言的一孔之见，仅供交流。有了这种心理准备，虽然有所注释，有所交流，大概就不担心毁经之过了。正如《楞严经》历数修行中种种毛病偏颇时所说的三句话："暂得如是，非为圣证。不作圣心，名善境界。若作圣解，即受群邪。"又说："悟则无咎。"用科学精神来说，就是主张在研究实验过程中，不要把阶段性成果（暂得如是）当作最终真理顶礼膜拜（非为圣证，不作圣心），明白了这一点（悟），有些毛病缺点也不要紧（则无咎），也是好事（名善境界）。否则就会把片面的东西当作全体（若作圣解），迷在局部出不来，很容易犯各种错误（即受群邪）。

第六，以经解经。经典读多了，融会贯通：这本经典讲得详细的，那本经典中可能只是提一下；这本经典没说的，那本经典可能说了。就一本经典而言，前文没说的，后文可能说了；一处简单提到的，别处可能详说。多读经典，用经典注解经典，靠经典领悟经典，是个好办法。

有了好书，有了好方法，那就开始读吧。

中华经典诵读工程丛书编委会

2018年7月

mù lù

目录

lǐ yùn dì jiǔ

礼运第九……………………………… 1

xué jì dì shí bā

学记第十八…………………………… 21

yuè jì dì shí jiǔ

乐记第十九…………………………… 30

jīng jiě dì èr shí liù

经解第二十六………………………… 66

āi gōng wèn dì èr shí qī

哀公问第二十七……………………… 71

zhòng ní yàn jū dì èr shí bā

仲尼燕居第二十八…………………… 79

kǒng zǐ xián jū dì èr shí jiǔ

孔子闲居第二十九…………………… 87

biǎo jì dì sān shí èr

表记第三十二………………………… 92

zī yī dì sān shí sān

缁衣第三十三………………………… 109

rú xíng dì sì shí yī

儒行第四十一………………………… 121

lǐ yùn dì jiǔ
礼运第九

xī zhě Zhòng ní yù yú zhà bīn shì bì chū yóu yú
昔者仲尼与于蜡宾，事毕，出游于

guān zhī shàng kuì rán ér tàn Zhòng ní zhī tàn gài tàn Lǔ
观之上，喟然而叹。仲尼之叹，盖叹鲁

yě Yán yǎn zài cè yuē jūn zǐ hé tàn Kǒng zǐ
也。言偃在侧，曰："君子何叹？"孔子

yuē dà dào zhī xíng yě yǔ Sān dài zhī yīng Qiū wèi
曰："大道之行也，与三代之英，丘未

zhī dài yě ér yǒu zhì yān
之逮也，而有志焉。

dà dào zhī xíng yě tiān xià wéi gōng xuǎn xián yǔ
"大道之行也，天下为公，选贤与

néng jiǎng xìn xiū mù gù rén bù dú qīn qí qīn bù dú
能，讲信修睦。故人不独亲其亲，不独

zǐ qí zǐ shǐ lǎo yǒu suǒ zhōng zhuàng yǒu suǒ yòng yòu yǒu
子其子，使老有所终，壮有所用，幼有

suǒ zhǎng guān guǎ gū dú fèi jí zhě jiē yǒu suǒ yǎng nán
所长，矜鰥寡孤独废疾者皆有所养，男

yǒu fèn nǚ yǒu guī huò wù qí qì yú dì yě bú bì
有分，女有归。货恶其弃于地也，不必

cáng yú jǐ lì wù qí bù chū yú shēn yě bú bì wèi jǐ
藏于己；力恶其不出于身也，不必为己。

shì gù móu bì ér bù xīng dào qiè luàn zéi ér bú zuò gù
是故谋闭而不兴，盗窃乱贼而不作。故

wài hù ér bú bì shì wèi dà tóng
外户而不闭，是谓大同。

jīn dà dào jì yǐn tiān xià wéi jiā gè qīn qí
“今大道既隐，天下为家。各亲其

qīn gè zǐ qí zǐ huò lì wèi jǐ dà rén shì jí y
亲，各子其子，货力为己。大人世及以

wéi lǐ chéng guō gōu chí yǐ wéi gù lǐ yì yǐ wéi jì
为礼，城郭沟池以为固，礼义以为纪

yǐ zhèng jūn chén yǐ dǔ fù zǐ yǐ mù xiōng dì yǐ hé fū
以正君臣，以笃父子，以睦兄弟，以和夫

fù yǐ shè zhì dù yǐ lì tián lǐ yǐ xián yǒng zhì
妇，以设制度，以立田里，以贤勇知(智)

yǐ gōng wèi jǐ gù móu yòng shì zuò ér bīng yóu cǐ qǐ
以功为己。故谋用是作，而兵由此起。

Yǔ Tāng Wén Wǔ Chéng wáng Zhōu gōng yóu cǐ qí xuǎn
禹、汤、文、武、成王、周公，由此其选

yě cǐ liù jūn zǐ zhě wèi yǒu bù jǐn yú lǐ zhě yě
也。此六君子者，未有不谨于礼者也。

yǐ zhù qí yì yǐ kǎo qí xìn zhù yǒu guò xíng rén jiǎng
以著其义，以考其信，著有过，刑仁讲

ràng shì mín yǒu cháng rú yǒu bù yóu cǐ zhě zài shì zhě
让，示民有常。如有不由此者，在埶者

qù zhòng yǐ wéi yāng shì wèi xiǎo kāng
去，众以为殃。是谓小康。”

Yán yǎn fù wèn yuē rú cǐ hū lǐ zhī jí yě
言偃复问曰：“如此乎礼之急也？”

Kǒng zǐ yuē fú lǐ xiān wáng yǐ chéng tiān zhī dào yǐ
孔子曰：“夫礼，先王以承天之道，以

zhì rén zhī qíng gù shī zhī zhě sǐ dé zhī zhě shēng
治人之情，故失之者死，得之者生。

shī yuē xiàng shǔ yǒu tǐ rén ér wú lǐ rén ér
《诗》曰：‘相鼠有体，人而无礼。人而

wú lǐ hú bù chuán sǐ shì gù fú lǐ bì běn yú
无礼，胡不遄死？’是故夫礼必本于

tiān xiào yú dì liè yú guǐ shén dá yú sàng jì
天，殽效于地，列于鬼神。达于丧、祭、

shè yù guàn hūn cháo pìn gù shèng rén yǐ lǐ
射、御、冠、昏婚、朝、聘。故圣人以礼

shì zhī gù tiān xià guó jiā kě dé ér zhèng yě
示之，故天下国家可得而正也。”

Yán yǎn fù wèn yuē fū zǐ zhī jí yán lǐ yě
言偃复问曰：“夫子之极言礼也，

可得而闻与(欤)？”孔子曰：“我欲观夏道，是故之杞，而不足征也，吾得《夏时》焉。我欲观殷道，是故之宋，而不足征也，吾得《坤乾》焉。《坤乾》之义，《夏时》之等，吾以是观之。夫礼之初，始诸饮食，其燔黍捭豚，汙尊而抔饮，蒉(块)桴而土鼓，犹若可以致其敬于鬼神。及其死也，升屋而号，告曰：‘皋某复！’然后饭腥而苴孰(熟)，故天望而地藏也。体魄则降，知气在上，故死者北首，生者南乡(向)，皆从其初。

“昔者先王未有宫室，冬则居营

kū xià zé jū zēng cháo wèi yǒu huǒ huà shí cǎo mù zhī
窟，夏则居橧巢。未有火化，食草木之

shí niǎo shòu zhī ròu yǐn qí xuè rú qí máo wèi yǒu
实，鸟兽之肉，饮其血，茹其毛；未有

má sī yì qí yǔ pí
麻丝，衣其羽皮。

hòu shèng yǒu zuò rán hòu xiū huǒ zhī lì fàn jīn
“后圣有作，然后修火之利，范金

hé tǔ yǐ wéi tái xiè gōng shì yǒu hù yǐ páo yǐ fán
合土以为台榭、宫室、牖户；以炮以燔，

yǐ pēng yǐ zhì yǐ wéi lǐ lào zhì qí má sī yǐ wéi
以亨【烹】以炙，以为醴酪；治其麻丝，以为

bù bó yǐ yǎng shēng sòng sǐ yǐ shì guǐ shén shàng dì jiē
布帛，以养生送死，以事鬼神上帝，皆

cóng qí shuò
从其朔。

gù xuán jiǔ zài shì lǐ zhǎn zài hù jì tí
“故玄酒在室，醴醆【盏】在户，粢【齐】醍

zài táng chéng jiǔ zài xià chén qí xī shēng bèi qí dǐng
在堂，澄酒在下。陈其牺牲，备其鼎

zǔ liè qí qín sè guǎn qìng zhōng gǔ xiū qí
俎，列其琴、瑟、管、磬、钟、鼓，修其

zhù jiǎ yǐ jiàng shàng shén yǔ qí xiān zǔ yǐ zhèng jūn
祝、嘏，以降上神与其先祖，以正君

chén yǐ dǔ fù zǐ yǐ mù xiōng dì yǐ qí shàng xià fū

臣，以笃父子，以睦兄弟，以齐上下。夫

fù yǒu suǒ shì wèi chéng tiān zhī hù

妇有所，是谓承天之祜。

zuò qí zhù hào xuán jiǔ yǐ jì jiàn qí xuè máo

“作其祝号，玄酒以祭，荐其血毛，

xīng qí zǔ shú qí yáo yǔ qí yuè xí shū bù yǐ

腥其俎，孰(熟)其殽(肴)，与其越席，疏布以

mì yì qí huàn bó lǐ zhǎn yǐ xiàn jiàn qí fán zhì

幂。衣其浣帛，醴醆(盏)以献，荐其燔炙。

jūn yǔ fū rén jiāo xiàn yǐ jiā hún pò shì wèi hé mò

君与夫人交献，以嘉魂魄，是谓合莫。

rán hòu tuì ér hé pēng tǐ qí quǎn shǐ niú

“然后退而合亨(烹)，体其犬豕牛

yáng shí qí fǔ guǐ biān dòu xíng gēng zhù yǐ xiào

羊，实其簠、簋、笾、豆、铏羹。祝以孝

gào jiǎ yǐ cí gào shì wèi dà xiáng cǐ lǐ zhī dà chéng

告，嘏以慈告，是谓大祥。此礼之大成

yě

也。”

Kǒng zǐ yuē wū hū āi zāi wǒ guān Zhōu dào

孔子曰：“於(呜)呼哀哉！我观周道，

Yōu Lì shāng zhī wú shě Lǔ hé shì yǐ Lǔ zhī jiāo

幽、厉伤之，吾舍鲁何适矣！鲁之郊

dì fēi lǐ yě Zhōu gōng qí shuāi yǐ Qǐ zhī jiāo yě
禘，非礼也，周公其衰矣！杞之郊也，

Yǔ yě Sòng zhī jiāo yě Xiè yě shì tiān zǐ zhī shì shǒu
禹也；宋之郊也，契也。是天子之事守

yě gù tiān zǐ jì tiān dì zhū hóu jì shè jì
也。故天子祭天地，诸侯祭社稷。

zhù jiǎ mò gǎn yì qí cháng gǔ shì wèi dà jiǎ
“祝嘏莫敢易其常古，是谓大假嘏。

zhù jiǎ cí shuō cáng yú zōng zhù wū shǐ fēi lǐ
祝嘏辞说，藏于宗、祝、巫、史，非礼

yě shì wèi yōu guó
也，是谓幽国。

zhǎn jiǎ jí shī jūn fēi lǐ yě shì wèi jiàn
“醆盏斝及尸君，非礼也，是谓僭

jūn
君。

miǎn biàn bīng gé cáng yú sī jiā fēi lǐ yě shì
“冕弁兵革藏于私家，非礼也，是

wèi xié jūn
谓胁君。

dà fū jù guān jì qì bù jiǎ shēng yuè jiē jù
“大夫具官，祭器不假，声乐皆具，

fēi lǐ yě shì wèi luàn guó
非礼也，是谓乱国。

gù shì yú gōng yuē chén　shì yú jiā yuē pú　sān nián
“故仕于公曰臣，仕于家曰仆。三年

zhī sāng　yǔ xīn yǒu hūn　zhě　jī bù shǐ　yǐ cuī cháng
之丧，与新有昏(婚)者，期不使。以衰(缞)裳

rù cháo　yǔ jiā pú zá jū qí chǐ　fēi lǐ yě　shì wèi
入朝，与家仆杂居齐齿，非礼也，是谓

jūn yǔ chén tóng guó
君与臣同国。

gù tiān zǐ yǒu tián yǐ chǔ qí zǐ sūn　zhū hóu yǒu
“故天子有田以处其子孙，诸侯有

guó yǐ chǔ qí zǐ sūn　dà fū yǒu cài yǐ chǔ qí zǐ sūn
国以处其子孙，大夫有采以处其子孙，

shì wèi zhì dù
是谓制度。

gù tiān zǐ shì zhū hóu　bì shè qí zǔ miào　ér
“故天子适诸侯，必舍其祖庙，而

bù yǐ lǐ jí rù　shì wèi tiān zǐ huài fǎ luàn jì　zhū
不以礼籍入，是谓天子坏法乱纪；诸

hóu fēi wèn jí diào sāng　ér rù zhū chén zhī jiā　shì wèi jūn
侯非问疾吊丧，而入诸臣之家，是谓君

chén wéi xuè
臣为谑。

shì gù lǐ zhě　jūn zhī dà bǐng yě　suǒ yǐ bié
“是故礼者，君之大柄也，所以别

xián míng wēi bīn guǐ shén kǎo zhì dù bié rén yì suǒ
嫌明微、傧鬼神、考制度、别仁义，所
yǐ zhì zhèng ān jūn yě
以治政安君也。

gù zhèng bú zhèng zé jūn wèi wēi jūn wèi wēi zé dà
“故政不正则君位危，君位危则大
chén bèi xiǎo chén qiè xíng sù ér sú bì zé fǎ wú
臣倍[背]，小臣窃。刑肃而俗敝，则法无
cháng fǎ wú cháng ér lǐ wú liè lǐ wú liè zé shì bú shì
常，法无常而礼无列，礼无列则士不事
yě xíng sù ér sú bì zé mín fú guī yě shì wèi cī
也。刑肃而俗敝，则民弗归也。是谓疵
guó
国。

gù zhèng zhě jūn zhī suǒ yǐ cáng shēn yě shì gù
“故政者，君之所以藏身也。是故
fū zhèng bì běn yú tiān xiào yǐ jiàng mìng mìng jiàng yú shè
夫政必本于天，殽[效]以降命。命降于社
zhī wèi xiào dì jiàng yú zǔ miào zhī wèi rén yì jiàng yú
之谓殽[效]地，降于祖庙之谓仁义，降于
shān chuān zhī wèi xīng zuò jiàng yú wǔ sì zhī wèi zhì dù
山川之谓兴作，降于五祀之谓制度。
cǐ shèng rén suǒ yǐ cáng shēn zhī gù yě
此圣人所以藏身之固也。

gù shèng rén cān yú tiān dì bìng yú guǐ shén yǐ
“故圣人参于天地，并于鬼神，以
zhì zhèng yě chǔ qí suǒ cún lǐ zhī xù yě wán qí suǒ
治政也。处其所存，礼之序也；玩其所
lè mín zhī zhì yě gù tiān shēng shí ér dì shēng cái rén
乐，民之治也。故天生时而地生财，人
qí fù shēng ér shī jiào zhī sì zhě jūn yǐ zhèng yòng zhī
其父生而师教之。四者君以正用之，
gù jūn zhě lì yú wú guò zhī dì yě
故君者立于无过之地也。

gù jūn zhě suǒ míng yě fēi míng rén zhě yě jūn
“故君者所明也，非明人者也；君
zhě suǒ yǎng yě fēi yǎng rén zhě yě jūn zhě suǒ shì yě
者所养也，非养人者也；君者所事也，
fēi shì rén zhě yě gù jūn míng rén zé yǒu guò yǎng rén
非事人者也。故君明人则有过，养人
zé bù zú shì rén zé shī wèi gù bǎi xìng zé jūn yǐ zì
则不足，事人则失位。故百姓则君以自
zhì yě yǎng jūn yǐ zì ān yě shì jūn yǐ zì xiǎn yě
治也，养君以自安也，事君以自显也。
gù lǐ dá ér fèn dìng gù rén jiē ài qí sǐ ér huàn qí
故礼达而分定，故人皆爱其死而患其
shēng
生。

“故用人之知(智)，去其诈；用人之勇，去其怒；用人之仁，去其贪。

“故国有患，君死社稷谓之义，大夫死宗庙谓之辩。

“故圣人耐(能)以天下为一家，以中国为一人者，非意之也，必知其情，辟于其义，明于其利，达于其患，然后能为之。

“何谓人情？喜、怒、哀、惧、爱、恶、欲，七者弗学而能。何谓人义？父慈、子孝、兄良、弟弟(悌)、夫义、妇听、长惠、幼顺、君仁、臣忠，十者谓之人

yì jiǎng xìn xiū mù wèi zhī rén lì zhēng duó xiāng shā
义。讲信修睦，谓之人利；争夺相杀，

wèi zhī rén huàn gù shèng rén zhī suǒ yǐ zhì rén qī qíng
谓之人患。故圣人之所以治人七情，

xiū shí yì jiǎng xìn xiū mù shàng cí ràng qù zhēng duó
修十义，讲信修睦，尚辞让，去争夺，

shě lǐ hé yǐ zhì zhī
舍礼何以治之？

yǐn shí nán nǚ rén zhī dà yù cún yān sǐ wáng
“饮食男女，人之大欲存焉。死亡

pín kǔ rén zhī dà wù cún yān gù yù wù zhě xīn zhī
贫苦，人之大恶存焉。故欲恶者，心之

dà duān yě rén cáng qí xīn bù kě cè duó yě měi
大端也。人藏其心，不可测度也。美

è jiē zài qí xīn bú xiàn qí sè yě yù yī yǐ qióng
恶皆在其心，不见（现）其色也。欲一以穷

zhī shě lǐ hé yǐ zāi
之，舍礼何以哉！

gù rén zhě qí tiān dì zhī dé yīn yáng zhī jiāo
“故人者，其天地之德，阴阳之交，

guǐ shén zhī huì wǔ xíng zhī xiù qì yě
鬼神之会，五行之秀气也。

gù tiān bǐng yáng chuí rì xīng dì bǐng yīn qiào yú
“故天秉阳，垂日星；地秉阴，窍于

shān chuān bō wǔ xíng yú sì shí hé ér hòu yuè shēng yě
山川。播五行于四时，和而后月生也。

shì yǐ sān wǔ ér yíng sān wǔ ér quē
是以三五而盈，三五而阙。

wǔ xíng zhī dòng dié xiāng jié yě wǔ xíng sì
“五行之动，迭相竭也。五行、四

shí shí èr yuè xuán xiāng wéi běn yě wǔ shēng liù
时、十二月，还（旋）相为本也；五声、六

lǜ shí èr guǎn xuán xiāng wéi gōng yě wǔ wèi liù
律、十二管，还（旋）相为宫也；五味、六

hé shí èr shí xuán xiāng wéi zhì yě wǔ sè liù
和、十二食，还（旋）相为质也；五色、六

zhāng shí èr yī xuán xiāng wéi zhì yě
章、十二衣，还（旋）相为质也。

gù rén zhě tiān dì zhī xīn yě wǔ xíng zhī duān
“故人者，天地之心也，五行之端

yě shí wèi bie shēng pī sè ér shēng zhě yě
也，食味、别声、被（披）色而生者也。

gù shèng rén zuò zé bì yǐ tiān dì wéi běn yǐ yīn
“故圣人作则，必以天地为本，以阴

yáng wéi duān yǐ sì shí wéi bǐng yǐ rì xīng wéi jì yuè yǐ
阳为端，以四时为柄，以日星为纪，月以

wéi liàng guǐ shén yǐ wéi tú wǔ xíng yǐ wéi zhì lǐ yì
为量，鬼神以为徒，五行以为质，礼义

yǐ wéi qì rén qíng yǐ wéi tián sì líng yǐ wéi chù
以为器，人情以为田，四灵以为畜。

yǐ tiān dì wéi běn gù wù kě jǔ yě yǐ yīn
“以天地为本，故物可举也；以阴

yáng wéi duān gù qíng kě dǔ yě yǐ sì shí wéi bǐng gù
阳为端，故情可睹也；以四时为柄，故

shì kě quàn yě yǐ rì xīng wéi jì gù shì kě liè yě yuè
事可劝也；以日星为纪，故事可列也。月

yǐ wéi liàng gù gōng yǒu yì yě guǐ shén yǐ wéi tú gù
以为量，故功有艺也；鬼神以为徒，故

shì yǒu shǒu yě wǔ xíng yǐ wéi zhì gù shì kě fù yě
事有守也；五行以为质，故事可复也；

lǐ yì yǐ wéi qì gù shì xíng yǒu kǎo yě rén qíng yǐ wéi
礼义以为器，故事行有考也；人情以为

tián gù rén yǐ wéi ào yě sì líng yǐ wéi chù gù yǐn
田，故人以为奥也；四灵以为畜，故饮

shí yǒu yóu yě
食有由也。

hé wèi sì líng lín fèng guī lóng wèi zhī sì
“何谓四灵？麟、凤、龟、龙谓之四

líng gù lóng yǐ wéi chù gù yú wěi bù shěn fèng yǐ wéi
灵。故龙以为畜，故鱼鲔不淰；凤以为

chù gù niǎo bú xù lín yǐ wéi chù gù shòu bú xuè guī
畜，故鸟不獝；麟以为畜，故兽不狘；龟

yǐ wéi chù gù rén qíng bù shī
以为畜，故人情不失。

gù xiān wáng bǐng shī guī liè jì sì yì zēng
“故先王秉蓍龟，列祭祀，瘗缯，
xuān zhù jiǎ cí shuō shè zhì dù gù guó yǒu lǐ guān yǒu
宣祝嘏辞说，设制度。故国有礼，官有
yù shì yǒu zhí lǐ yǒu xù gù xiān wáng huàn lǐ zhī bù
御，事有职，礼有序。故先王患礼之不
dá yú xià yě
达于下也。

gù jì dì yú jiāo suǒ yǐ dìng tiān wèi yě sì
“故祭帝于郊，所以定天位也；祀
shè yú guó suǒ yǐ liè dì lì yě zǔ miào suǒ yǐ běn
社于国，所以列地利也；祖庙，所以本
rén yě shān chuān suǒ yǐ bīn guǐ shén yě wǔ sì suǒ
仁也；山川，所以傧鬼神也；五祀，所
yǐ běn shì yě gù zōng zhù zài miào sān gōng zài cháo sān
以本事也。故宗祝在庙，三公在朝，三
lǎo zài xué wáng qián wū ér hòu shǐ bǔ shì gǔ yòu jiē zài
老在学，王前巫而后史，卜筮瞽侑皆在
zuǒ yòu wáng zhōng xīn wú wéi yě yǐ shǒu zhì zhèng
左右。王中心无为也，以守至正。

gù lǐ xíng yú jiāo ér bǎi shén shòu zhí yān lǐ xíng
“故礼行于郊而百神受职焉，礼行

yú shè ér bǎi huò kě jí yān lǐ xíng yú zǔ miào ér xiào
于社而百货可极焉，礼行于祖庙而孝

cí fú yān lǐ xíng yú wǔ sì ér zhèng fǎ zé yān gù zì
慈服焉，礼行于五祀而正法则焉。故自

jiāo shè zǔ miào shān chuān wǔ sì yì zhī xiū ér lǐ
郊社、祖庙、山川、五祀，义之修而礼

zhī cáng yě
之藏也。

shì gù fú lǐ bì běn yú tài yī fēn ér wéi
“是故夫礼，必本于大[太]一，分而为

tiān dì zhuǎn ér wéi yīn yáng biàn ér wéi sì shí liè ér wéi
天地，转而为阴阳，变而为四时，列而为

guǐ shén qí jiàng yuē mìng qí guān yú tiān yě
鬼神。其降曰命，其官于天也。

fú lǐ bì běn yú tiān dòng ér zhī dì liè ér
“夫礼必本于天，动而之地，列而

zhī shì biàn ér cóng shí xié yú fèn yì qí jū rén yě
之事，变而从时，协于分艺。其居人也

yuē yǎng qí xíng zhī yǐ huò lì cí ràng yǐn shí guàn
曰养，其行之以货力、辞让、饮食、冠、

hūn sāng jì shè yù cháo pìn
昏[婚]、丧、祭、射、御、朝、聘。

gù lǐ yì yě zhě rén zhī dà duān yě suǒ yǐ
“故礼义也者，人之大端也。所以

jiǎng xìn xiū mù ér gù rén zhī jī fū zhī huì jīn hái
讲信修睦，而固人之肌肤之会、筋骸
zhī shù yě suǒ yǐ yǎng shēng sòng sǐ shì guǐ shén zhī dà
之束也；所以养生送死、事鬼神之大
duān yě suǒ yǐ dá tiān dào shùn rén qíng zhī dà dòu yě
端也；所以达天道、顺人情之大窦也。
gù wéi shèng rén wéi zhī lǐ zhī bù kě yǐ yǐ yě gù huài
故唯圣人为知礼之不可以已也，故坏
guó sàng jiā wáng rén bì xiān qù qí lǐ
国、丧家、亡人，必先去其礼。

gù lǐ zhī yú rén yě yóu jiǔ zhī yǒu niè yě
“故礼之于人也，犹酒之有蘖也，
jūn zǐ yǐ hòu xiǎo rén yǐ bó
君子以厚，小人以薄。

gù shèng wáng xiū yì zhī bǐng lǐ zhī xù yǐ zhì
“故圣王修义之柄、礼之序，以治
rén qíng gù rén qíng zhě shèng wáng zhī tián yě xiū lǐ
人情。故人情者，圣王之田也，修礼
yǐ gēng zhī chén yì yǐ zhòng zhī jiǎng xué yǐ nòu zhī běn
以耕之，陈义以种之，讲学以耨之，本
rén yǐ jù zhī bō yuè yǐ ān zhī
仁以聚之，播乐以安之。

gù lǐ yě zhě yì zhī shí yě xié zhū yì ér
“故礼也者，义之实也。协诸义而

xié zé lǐ suī xiān wáng wèi zhī yǒu kě yǐ yì qǐ yě
协，则礼虽先王未之有，可以义起也。

yì zhě yì zhī fèn rén zhī jié yě xié yú
“义者，艺之分，仁之节也。协于

yì jiǎng yú rén dé zhī zhě qiáng
艺，讲于仁，得之者强。

rén zhě yì zhī běn yě shùn zhī tǐ yě dé
“仁者，义之本也，顺之体也，得

zhī zhě zūn
之者尊。

gù zhì guó bù yǐ lǐ yóu wú sì ér gēng yě wéi
“故治国不以礼，犹无耜而耕也；为

lǐ bù běn yú yì yóu gēng ér fú zhòng yě wéi yì ér bù
礼不本于义，犹耕而弗种也；为义而不

jiǎng zhī yǐ xué yóu zhòng ér fú nòu yě jiǎng zhī yǐ xué
讲之以学，犹种而弗耨也；讲之以学，

ér bù hé zhī yǐ rén yóu nòu ér fú huò yě hé zhī yǐ
而不合之以仁，犹耨而弗获也；合之以

rén ér bù ān zhī yǐ yuè yóu huò ér fú shí yě ān
仁，而不安之以乐，犹获而弗食也；安

zhī yǐ yuè ér bù dá yú shùn yóu shí ér fú féi yě
之以乐，而不达于顺，犹食而弗肥也。

sì tǐ jì zhèng fū gé chōng yíng rén zhī féi yě
“四体既正，肤革充盈，人之肥也；

fù zǐ dǔ xiōng dì mù fū fù hé jiā zhī féi yě dà
父子笃，兄弟睦，夫妇和，家之肥也；大

chén fǎ xiǎo chén lián guān zhí xiāng xù jūn chén xiāng zhèng
臣法，小臣廉，官职相序，君臣相正，

guó zhī féi yě tiān zǐ yǐ dé wéi chē yǐ yuè wéi yù
国之肥也；天子以德为车，以乐为御，

zhū hóu yǐ lǐ xiāng yǔ dà fū yǐ fǎ xiāng xù shì yǐ xìn
诸侯以礼相与，大夫以法相序，士以信

xiāng kǎo bǎi xìng yǐ mù xiāng shǒu tiān xià zhī féi yě shì
相考，百姓以睦相守，天下之肥也。是

wèi dà shùn dà shùn zhě suǒ yǐ yǎng shēng sòng sǐ shì guǐ
谓大顺。大顺者，所以养生送死、事鬼

shén zhī cháng yě
神之常也。

gù shì dà jī yān ér bù yùn bìng xíng ér bú
“故事大积焉而不苑（蕴），并行而不

miù xì xíng ér bù shī shēn ér tōng mào ér yǒu jiàn
缪（谬），细行而不失，深而通，茂而有间，

lián ér bù xiāng jí yě dòng ér bù xiāng hài yě cǐ shùn zhī
连而不相及也，动而不相害也。此顺之

zhì yě gù míng yú shùn rán hòu néng shǒu wēi yě
至也。故明于顺，然后能守危也。

gù lǐ zhī bù tóng yě bù fēng yě bú shài yě
“故礼之不同也，不丰也，不杀也，

suǒ yǐ chí qíng ér hé wēi yě
所以持情而合危也。

gù shèng wáng suǒ yǐ shùn shān zhě bù shǐ jū chuān
“故圣王所以顺，山者不使居川，
bù shǐ zhǔ zhě jū zhōng yuán ér fú bì yě yòng shuǐ huǒ jīn
不使渚者居中原，而弗敝也。用水火金
mù yǐn shí bì shí hé nán nǚ bān jué wèi bì dāng nián
木，饮食必时，合男女、颁爵位必当年
dé yòng mín bì shùn gù wú shuǐ hàn kūn chóng zhī zāi mín
德，用民必顺。故无水旱昆虫之灾，民
wú xiōng jī yāo niè zhī jí gù tiān bú ài qí dào dì bú
无凶饥妖孽之疾。故天不爱其道，地不
ài qí bǎo rén bú ài qí qíng gù tiān jiàng gāo lù dì
爱其宝，人不爱其情。故天降膏露，地
chū lǐ quán shān chū qì chē Hé chū mǎ tú fèng huáng
出醴泉，山出器车，河出马图，凤皇凰、
qí lín jiē zài jiāo sǒu guī lóng zài gōng zhǎo qí yú niǎo
麒麟皆在郊棷薮，龟龙在宫沼，其余鸟
shòu zhī luǎn tāi jiē kě fǔ ér kuī yě zé shì wú gù
兽之卵胎，皆可俯而窥也。则是无故，
xiān wáng néng xiū lǐ yǐ dá yì tǐ xìn yǐ dá shùn gù
先王能修礼以达义，体信以达顺，故
cǐ shùn zhī shí yě
此顺之实也。”

xué jì dì shí bā

学记第十八

fā lǜ xiàn qiú shàn liáng zú yǐ xiǎo wén bù zú yǐ dòng zhòng jiù xián tǐ yuǎn zú yǐ dòng zhòng wèi zú yǐ huà mín jūn zǐ rú yù huà mín chéng sú qí bì yóu xué hū

发虑宪，求善良，足以谀闻，不足以动众。就贤体远，足以动众，未足以化民。君子如欲化民成俗，其必由学乎！

yù bù zhuó bù chéng qì rén bù xué bù zhī dào shì gù gǔ zhī wáng zhě jiàn guó jūn mín jiào xué wéi xiān yuè mìng yuē niàn zhōng shǐ diǎn yú xué qí cǐ zhī wèi hū

玉不琢，不成器；人不学，不知道。是故古之王者建国君民，教学为先。《兑说命》曰："念终始典于学。"其此之谓乎！

suī yǒu jiā yáo fú shí bù zhī qí zhǐ yě suī yǒu

虽有嘉肴，弗食不知其旨也。虽有

zhì dào fú xué bù zhī qí shàn yě shì gù xué rán hòu zhī
至道，弗学不知其善也。是故学然后知
bù zú jiào rán hòu zhī kùn zhī bù zú rán hòu néng zì
不足，教然后知困。知不足，然后能自
fǎn yě zhī kùn rán hòu néng zì qiáng yě gù yuē jiào
反也。知困，然后能自强也。故曰：“教
xué xiāng zhǎng yě yuè mìng yuē xiào xué bàn
学相长也。”《兑[说]命》曰：“学[斅]学半。”
qí cǐ zhī wèi hū
其此之谓乎！

gǔ zhī jiào zhě jiā yǒu shú dǎng yǒu xiáng suì yǒu
古之教者，家有塾，党有庠，术[遂]有
xù guó yǒu xué
序，国有学。

bǐ nián rù xué zhōng nián kǎo jiào yì nián shì lí jīng
比年入学，中年考校。一年视离经
biàn zhì sān nián shì jìng yè lè qún wǔ nián shì bó xí
辨志，三年视敬业乐群，五年视博习
qīn shī qī nián shì lùn xué qǔ yǒu wèi zhī xiǎo chéng jiǔ
亲师，七年视论学取友，谓之小成。九
nián zhī lèi tōng dá qiáng lì ér bù fǎn wèi zhī dà chéng
年知类通达，强立而不反，谓之大成。
fú rán hòu zú yǐ huà mín yì sú jìn zhě yuè fú ér
夫然后足以化民易俗，近者说[悦]服，而

yuǎn zhě huái zhī cǐ dà xué zhī dào yě jì yuē
远者怀之。此大学之道也。《记》曰：
yǐ zǐ shí shù zhī qí cǐ zhī wèi hū
“蛾〔蚁〕子时术之。”其此之谓乎！

dà xué shǐ jiào pí biàn jì cài shì jìng dào yě
大学始教，皮弁祭菜，示敬道也。
xiǎo yǎ yì sān guān qí shǐ yě rù xué gǔ qiè
《宵〔小〕雅》肄三，官其始也。入学鼓箧，
xùn qí yè yě jiǎ chǔ èr wù shōu qí wēi yě
孙〔逊〕其业也。夏〔榎〕楚二物，收其威也。
wèi bǔ dì bú shì xué yóu qí zhì yě shí guān ér fú
未卜禘，不视学，游其志也。时观而弗
yǔ cún qí xīn yě yòu zhě tīng ér fú wèn xué bú liè
语，存其心也。幼者听而弗问，学不躐
děng yě cǐ qī zhě jiào zhī dà lún yě jì yuē
等也。此七者，教之大伦也。《记》曰：
fán xué guān xiān shì shì xiān zhì qí cǐ zhī wèi
“凡学，官先事，士先志。”其此之谓
hū
乎！

dà xué zhī jiào yě shí jiào bì yǒu zhèng yè tuì
大学之教也，时教必有正业，退
xī bì yǒu jū xué bù xué cāo màn bù néng ān xián bù
息必有居学。不学操缦，不能安弦；不

xué bó yī bù néng ān shī bù xué zá fú bù néng ān
学博依，不能安诗；不学杂服，不能安

lǐ bù xīng qí yì bù néng lè xué gù jūn zǐ zhī yú
礼；不兴其艺，不能乐学。故君子之于

xué yě cáng yān xiū yān xī yān yóu yān fú rán guī
学也，藏焉，修焉，息焉，游焉。夫然，故

ān qí xué ér qīn qí shī lè qí yǒu ér xìn qí dào shì
安其学而亲其师，乐其友而信其道，是

yǐ suī lí shī fǔ ér bù fǎn yě yuè mìng yuē jìng
以虽离师辅而不反也。《兑[说]命》曰：“敬

xùn wù shí mǐn jué xiū nǎi lái qí cǐ zhī wèi hū
孙[逊]务时敏，厥修乃来。”其此之谓乎！

jīn zhī jiào zhě shēn qí chān bì duō qí xùn yán
今之教者，呻其佔毕，多其讯，言

jí yú shù jìn ér bú gù qí ān shǐ rén bù yóu qí
及于数，进而不顾其安，使人不由其

chéng jiào rén bú jìn qí cái qí shī zhī yě bèi qí qiú
诚，教人不尽其材，其施之也悖，其求

zhī yě fú fú rán gù yǐn qí xué ér jí qí shī
之也佛[拂]。夫然，故隐其学而疾其师，

kǔ qí nán ér bù zhī qí yì yě suī zhōng qí yè qí qù
苦其难而不知其益也。虽终其业，其去

zhī bì sù jiào zhī bù xíng qí cǐ zhī yóu hū
之必速。教之不刑，其此之由乎！

dà xué zhī fǎ jìn yú wèi fā zhī wèi yù dāng qí
大学之法，禁于未发之谓豫，当其
kě zhī wèi shí bù líng jié ér shī zhī wèi xùn xiāng guān
可之谓时，不陵节而施之谓孙(逊)，相观
ér shàn zhī wèi mó cǐ sì zhě jiào zhī suǒ yóu xīng yě
而善之谓摩。此四者，教之所由兴也。

fā rán hòu jìn zé hàn gé ér bú shèng shí guò rán
发然后禁，则扞格而不胜；时过然
hòu xué zé qín kǔ ér nán chéng zá shī ér bú xùn zé
后学，则勤苦而难成；杂施而不孙(逊)，则
huài luàn ér bù xiū dú xué ér wú yǒu zé gū lòu ér guǎ
坏乱而不修；独学而无友，则孤陋而寡
wén yàn péng nì qí shī yàn pì fèi qí xué cǐ liù
闻；燕朋逆其师；燕辟(譬)废其学。此六
zhě jiào zhī suǒ yóu fèi yě
者，教之所由废也。

jūn zǐ jì zhī jiào zhī suǒ yóu xīng yòu zhī jiào zhī
君子既知教之所由兴，又知教之
suǒ yóu fèi rán hòu kě yǐ wéi rén shī yě gù jūn zǐ zhī
所由废，然后可以为人师也。故君子之
jiào yù yě dǎo ér fú qiān qiáng ér fú yì kāi ér fú
教喻也，道(导)而弗牵，强而弗抑，开而弗
dá dǎo ér fú qiān zé hé qiáng ér fú yì zé yì kāi
达。道(导)而弗牵则和，强而弗抑则易，开

ér fú dá zé sī hé yì yǐ sī kě wèi shàn yù yǐ
而弗达则思。和易以思，可谓善喻矣。

xué zhě yǒu sì shī jiào zhě bì zhī zhī rén zhī
学者有四失，教者必知之。人之
xué yě huò shī zé duō huò shī zé guǎ huò shī zé yì
学也，或失则多，或失则寡，或失则易，
huò shī zé zhǐ cǐ sì zhě xīn zhī mò tóng yě zhī qí
或失则止。此四者，心之莫同也。知其
xīn rán hòu néng jiù qí shī yě jiào yě zhě zhǎng shàn ér
心，然后能救其失也。教也者，长善而
jiù qí shī zhě yě
救其失者也。

shàn gē zhě shǐ rén jì qí shēng shàn jiào zhě shǐ rén
善歌者使人继其声，善教者使人
jì qí zhì qí yán yě yuē ér dá wēi ér zāng hǎn pì
继其志。其言也约而达，微而臧，罕譬
ér yù kě wèi jì zhì yǐ
而喻，可谓继志矣。

jūn zǐ zhī zhì xué zhī nán yì ér zhī qí měi è
君子知至学之难易，而知其美恶，
rán hòu néng bó yù néng bó yù rán hòu néng wéi shī néng
然后能博喻；能博喻然后能为师；能
wéi shī rán hòu néng wéi zhǎng néng wéi zhǎng rán hòu néng wéi jūn
为师然后能为长；能为长然后能为君。

gù shī yě zhě suǒ yǐ xué wéi jūn yě shì gù zé shī bù
故师也者，所以学为君也，是故择师不
kě bú shèn yě jì yuē Sān wáng sì dài wéi qí
可不慎也。《记》曰：“三王、四代唯其
shī qí cǐ zhī wèi hū
师。”其此之谓乎！

fán xué zhī dào yán shī wéi nán shī yán rán hòu dào
凡学之道，严师为难。师严然后道
zūn dào zūn rán hòu mín zhī jìng xué shì gù jūn zhī suǒ
尊，道尊然后民知敬学。是故君之所
bù chén yú qí chén zhě èr dāng qí wéi shī zé fú chén yě
不臣于其臣者二：当其为尸，则弗臣也；
dāng qí wéi shī zé fú chén yě dà xué zhī lǐ suī zhào
当其为师，则弗臣也。大学之礼，虽诏
yú tiān zǐ wú běi miàn suǒ yǐ zūn shī yě
于天子，无北面，所以尊师也。

shàn xué zhě shī yì ér gōng bèi yòu cóng ér yōng zhī
善学者师逸而功倍，又从而庸之；
bú shàn xué zhě shī qín ér gōng bàn yòu cóng ér yuàn zhī shàn
不善学者师勤而功半，又从而怨之。善
wèn zhě rú gōng jiān mù xiān qí yì zhě hòu qí jié mù
问者如攻坚木，先其易者，后其节目，
jí qí jiǔ yě xiāng yuè yǐ jiě bú shàn wèn zhě fǎn
及其久也，相说悦以解；不善问者反

cǐ shàn dài wèn zhě rú zhuàng zhōng kòu zhī yǐ xiǎo zhě zé
此。善待问者如撞钟，叩之以小者则
xiǎo míng kòu zhī yǐ dà zhě zé dà míng dài qí cóng róng
小鸣，叩之以大者则大鸣，待其从容，
rán hòu jìn qí shēng bú shàn dá wèn zhě fǎn cǐ cǐ jiē jìn
然后尽其声；不善答问者反此。此皆进
xué zhī dào yě
学之道也。

jì wèn zhī xué bù zú yǐ wéi rén shī bì yě qí
记问之学，不足以为人师，必也其
tīng yǔ hū lì bù néng wèn rán hòu yù zhī yù zhī ér
听语乎。力不能问，然后语之。语之而
bù zhī suī shě zhī kě yě
不知，虽舍之可也。

liáng yě zhī zǐ bì xué wéi qiú liáng gōng zhī zǐ bì
良冶之子，必学为裘；良弓之子，必
xué wéi jī shǐ jià mǎ zhě fǎn zhī chē zài mǎ qián jūn
学为箕；始驾马者反之，车在马前。君
zǐ chá yú cǐ sān zhě kě yǐ yǒu zhì yú xué yǐ
子察于此三者，可以有志于学矣。

gǔ zhī xué zhě bǐ wù chǒu lèi gǔ wú dāng yú wǔ
古之学者，比物丑类。鼓无当于五
shēng wǔ shēng fú dé bù hé shuǐ wú dāng yú wǔ sè wǔ
声，五声弗得不和；水无当于五色，五

sè fú dé bù zhāng xué wú dāng yú wǔ guān wǔ guān fú dé
色弗得不章；学无当于五官，五官弗得
bú zhì shī wú dāng yú wǔ fú wǔ fú fú dé bù qīn
不治；师无当于五服，五服弗得不亲。

jūn zǐ yuē dà dé bù guān dà dào bú qì dà
君子曰：“大德不官，大道不器，大
xìn bù yuē dà shí bù qí chá yú cǐ sì zhě kě yǐ
信不约，大时不齐。察于此四者，可以
yǒu zhì yú xué yǐ
有志于学矣。”

Sān wáng zhī jì chuān yě jiē xiān hé ér hòu hǎi huò
三王之祭川也，皆先河而后海，或
yuán yě huò wěi yě cǐ zhī wèi wù běn
源也，或委也。此之谓务本。

yuè jì dì shí jiǔ
乐记第十九

fán yīn zhī qǐ yóu rén xīn shēng yě rén xīn zhī
凡音之起，由人心生也。人心之

dòng wù shǐ zhī rán yě gǎn yú wù ér dòng gù xíng yú
动，物使之然也。感于物而动，故形于

shēng shēng xiāng yìng gù shēng biàn biàn chéng fāng wèi zhī yīn
声。声相应，故生变，变成方，谓之音。

bǐ yīn ér yuè zhī jí gān qī yǔ máo wèi zhī yuè
比音而乐之，及干戚羽旄，谓之乐。

yuè zhě yīn zhī suǒ yóu shēng yě qí běn zài rén xīn
乐者，音之所由生也，其本在人心

zhī gǎn yú wù yě shì gù qí āi xīn gǎn zhě qí shēng
之感于物也。是故其哀心感者，其声

jiāo yǐ shài qí lè xīn gǎn zhě qí shēng chǎn yǐ huǎn qí
噍以杀；其乐心感者，其声啴以缓；其

xǐ xīn gǎn zhě qí shēng fā yǐ sàn qí nù xīn gǎn zhě
喜心感者，其声发以散；其怒心感者，

qí shēng cū yǐ lì qí jìng xīn gǎn zhě qí shēng zhí yǐ
其声粗以厉；其敬心感者，其声直以

lián qí ài xīn gǎn zhě qí shēng hé yǐ róu liù zhě fēi
廉；其爱心感者，其声和以柔。六者非

xìng yě gǎn yú wù ér hòu dòng
性也，感于物而后动。

shì gù xiān wáng shèn suǒ yǐ gǎn zhī zhě gù lǐ yǐ
是故先王慎所以感之者。故礼以

dǎo qí zhì yuè yǐ hé qí shēng zhèng yǐ yī qí xíng xíng
道[导]其志，乐以和其声，政以一其行，刑

yǐ fáng qí jiān lǐ yuè xíng zhèng qí jí yī yě
以防其奸。礼、乐、刑、政，其极一也，

suǒ yǐ tóng mín xīn ér chū zhì dào yě
所以同民心而出治道也。

fán yīn zhě shēng rén xīn zhě yě qíng dòng yú zhōng
凡音者，生人心者也。情动于中，

gù xíng yú shēng shēng chéng wén wèi zhī yīn shì gù zhì shì
故形于声，声成文，谓之音。是故治世

zhī yīn ān yǐ lè qí zhèng hé luàn shì zhī yīn yuàn yǐ
之音安以乐，其政和；乱世之音怨以

nù qí zhèng guāi wáng guó zhī yīn āi yǐ sī qí mín kùn
怒，其政乖；亡国之音哀以思，其民困。

shēng yīn zhī dào yǔ zhèng tōng yǐ
声音之道，与政通矣。

gōng wéi jūn shāng wéi chén jué wéi mín zhǐ wéi shì
宫为君，商为臣，角为民，徵为事，

yǔ wéi wù　wǔ zhě bú luàn　zé wú zhān chì zhī yīn yǐ
羽为物。五者不乱，则无怗懘之音矣。

gōng luàn zé huāng　qí jūn jiāo　shāng luàn zé bì　qí guān
宫乱则荒，其君骄；商乱则陂，其官

huài　jué luàn zé yōu　qí mín yuàn　zhǐ luàn zé āi　qí shì
坏；角乱则忧，其民怨；徵乱则哀，其事

qín　yǔ luàn zé wēi　qí cái kuì　wǔ zhě jiē luàn　dié xiāng
勤；羽乱则危，其财匮。五者皆乱，迭相

líng　wèi zhī màn　rú cǐ　zé guó zhī miè wáng wú rì yǐ
陵，谓之慢。如此，则国之灭亡无日矣。

Zhèng　Wèi zhī yīn　luàn shì zhī yīn yě　bǐ yú màn
郑、卫之音，乱世之音也，比于慢

yǐ　**Sāng jiān　Pú shàng** zhī yīn　wáng guó zhī yīn yě　qí
矣。桑间、濮上之音，亡国之音也，其

zhèng sǎn　qí mín liú　wū shàng xíng sī ér bù kě zhǐ yě
政散，其民流，诬上行私而不可止也。

fán yīn zhě　shēng yú rén xīn zhě yě　yuè zhě　tōng
凡音者，生于人心者也。乐者，通

lún lǐ zhě yě　shì gù zhī shēng ér bù zhī yīn zhě　qín
伦理者也。是故知声而不知音者，禽

shòu shì yě　zhī yīn ér bù zhī yuè zhě　zhòng shù shì yě
兽是也。知音而不知乐者，众庶是也。

wéi jūn zǐ wéi néng zhī yuè　shì gù shěn shēng yǐ zhī yīn　shěn
唯君子为能知乐。是故审声以知音，审

yīn yǐ zhī yuè shěn yuè yǐ zhī zhèng ér zhì dào bèi yǐ
音以知乐，审乐以知政，而治道备矣。
shì gù bù zhī shēng zhě bù kě yǔ yán yīn bù zhī yīn
是故不知声者，不可与言音。不知音
zhě bù kě yǔ yán yuè zhī yuè zé jī yú lǐ yǐ lǐ
者，不可与言乐。知乐，则几于礼矣。礼
yuè jiē dé wèi zhī yǒu dé dé zhě dé yě
乐皆得，谓之有德。德者，得也。

shì gù yuè zhī lóng fēi jí yīn yě shí xiǎng zhī
是故乐之隆，非极音也；食、飨之
lǐ fēi zhì wèi yě qīng miào zhī sè zhū xián ér shū
礼，非致味也。《清庙》之瑟，朱弦而疏
yuè yí chàng ér sān tàn yǒu yí yīn zhě yǐ dà xiǎng
越，一倡[唱]而三叹，有遗音者矣。大飨
zhī lǐ shàng xuán jiǔ ér zǔ xīng yú tài gēng bù hé
之礼，尚玄酒而俎腥鱼，大[太]羹不和，
yǒu yí wèi zhě yǐ shì gù xiān wáng zhī zhì lǐ yuè yě
有遗味者矣。是故先王之制礼乐也，
fēi yǐ jí kǒu fù ěr mù zhī yù yě jiāng yǐ jiāo mín píng
非以极口腹耳目之欲也，将以教民平
hào wù er fǎn rén dào zhī zhèng yě
好恶，而反[返]人道之正也。

rén shēng ér jìng tiān zhī xìng yě gǎn yú wù ér dòng
人生而静，天之性也。感于物而动，

xìng zhī yù yě wù zhì zhì zhī rán hòu hào wù xíng
性之欲也。物至知(智)知，然后好恶形

yān hào wù wú jié yú nèi zhī yòu yú wài bù néng fǎn
焉。好恶无节于内，知诱于外，不能反

gōng tiān lǐ miè yǐ fú wù zhī gǎn rén wú qióng ér rén
躬，天理灭矣。夫物之感人无穷，而人

zhī hào wù wú jié zé shì wù zhì ér rén huà wù yě
之好恶无节，则是物至而人化物也。

rén huà wù yě zhě miè tiān lǐ ér qióng rén yù zhě yě
人化物也者，灭天理而穷人欲者也。

yú shì yǒu bèi nì zhà wěi zhī xīn yǒu yín yì zuò luàn zhī
于是有悖逆诈伪之心，有淫泆作乱之

shì shì gù qiáng zhě xié ruò zhòng zhě bào guǎ zhì zhě
事。是故强者胁弱，众者暴寡，知(智)者

zhà yú yǒng zhě kǔ qiè jí bìng bù yǎng lǎo yòu gū dú
诈愚，勇者苦怯，疾病不养，老幼孤独

bù dé qí suǒ cǐ dà luàn zhī dào yě
不得其所。此大乱之道也。

shì gù xiān wáng zhī zhì lǐ yuè rén wéi zhī jié cuī
是故先王之制礼乐，人为之节。衰([illegible])

má kū qì suǒ yǐ jié sāng jì yě zhōng gǔ gān qī suǒ
麻哭泣，所以节丧纪也。钟鼓干戚，所

yǐ hé ān lè yě hūn yīn guàn jī suǒ yǐ bié nán nǚ
以和安乐也。昏(婚)姻冠笄，所以别男女

yě shè xiāng sì xiǎng suǒ yǐ zhèng jiāo jiē yě lǐ jié mín
也。射乡食飨，所以正交接也。礼节民

xīn yuè hé mín shēng zhèng yǐ xíng zhī xíng yǐ fáng zhī lǐ
心，乐和民声，政以行之，刑以防之。礼

yuè xíng zhèng sì dá ér bú bèi zé wáng dào bèi yǐ
乐刑政，四达而不悖，则王道备矣。

yuè zhě wèi tóng lǐ zhě wèi yì tóng zé xiāng qīn yì
乐者为同，礼者为异。同则相亲，异

zé xiāng jìng yuè shèng zé liú lǐ shèng zé lí hé qíng shì
则相敬。乐胜则流，礼胜则离。合情饰

mào zhě lǐ yuè zhī shì yě lǐ yì lì zé guì jiàn děng
貌者，礼乐之事也。礼义立，则贵贱等

yǐ yuè wén tóng zé shàng xià hé yǐ hào è zhù zé xián
矣。乐文同，则上下和矣。好恶著，则贤

bú xiào bié yǐ xíng jìn bào jué jǔ xián zé zhèng jūn yǐ
不肖别矣。刑禁暴，爵举贤，则政均矣。

rén yǐ ài zhī yì yǐ zhèng zhī rú cǐ zé mín zhì xíng
仁以爱之，义以正之。如此，则民治行

yǐ
矣。

yuè yóu zhōng chū lǐ zì wài zuò yuè yóu zhōng chū gù
乐由中出，礼自外作。乐由中出，故

jìng lǐ zì wài zuò gù wén dà yuè bì yì dà lǐ bì
静；礼自外作，故文。大乐必易，大礼必

jiǎn yuè zhì zé wú yuàn lǐ zhì zé bù zhēng yī ràng ér
简。乐至则无怨，礼至则不争。揖让而

zhì tiān xià zhě lǐ yuè zhī wèi yě bào mín bú zuò zhū
治天下者，礼乐之谓也。暴民不作，诸

hóu bīn fú bīng gé bú shì wǔ xíng bú yòng bǎi xìng wú
侯宾服，兵革不试，五刑不用，百姓无

huàn tiān zǐ bú nù rú cǐ zé yuè dá yǐ hé fù zǐ
患，天子不怒，如此，则乐达矣。合父子

zhī qīn míng zhǎng yòu zhī xù yǐ jìng sì hǎi zhī nèi tiān
之亲，明长幼之序，以敬四海之内，天

zǐ rú cǐ zé lǐ xíng yǐ
子如此，则礼行矣。

dà yuè yǔ tiān dì tóng hé dà lǐ yǔ tiān dì tóng
大乐与天地同和，大礼与天地同

jié hé gù bǎi wù bù shī jié gù sì tiān jì dì
节。和，故百物不失；节，故祀天祭地。

míng zé yǒu lǐ yuè yōu zé yǒu guǐ shén rú cǐ zé sì
明则有礼乐，幽则有鬼神。如此，则四

hǎi zhī nèi hé jìng tóng ài yǐ
海之内，合敬同爱矣。

lǐ zhě shū shì hé jìng zhě yě yuè zhě yì wén
礼者，殊事合敬者也。乐者，异文

hé ài zhě yě lǐ yuè zhī qíng tóng gù míng wáng yǐ xiāng
合爱者也。礼乐之情同，故明王以相

yán yě gù shì yǔ shí bìng míng yǔ gōng xié

沿也。故事与时并，名与功偕。

gù zhōng gǔ guǎn qìng yǔ yuè gān qī yuè zhī qì

故钟鼓管磬，羽籥干戚，乐之器

yě qū shēn fǔ yǎng zhuì zhào shū jí yuè zhī wén yě

也；屈伸俯仰，缀兆舒疾，乐之文也。

fǔ guǐ zǔ dòu zhì dù wén zhāng lǐ zhī qì yě shēng jiàng

簠簋俎豆，制度文章，礼之器也；升降

shàng xià zhōu xuán xī xí lǐ zhī wén yě gù zhī lǐ

上下，周还旋裼袭，礼之文也。故知礼

yuè zhī qíng zhě néng zuò shí lǐ yuè zhī wén zhě néng shù

乐之情者能作，识礼乐之文者能述。

zuò zhě zhī wèi shèng shù zhě zhī wèi míng míng shèng zhě shù

作者之谓圣，述者之谓明。明圣者，述

zuò zhī wèi yě

作之谓也。

yuè zhě tiān dì zhī hé yě lǐ zhě tiān dì zhī

乐者，天地之和也。礼者，天地之

xù yě hé gù bǎi wù jiē huà xù gù qún wù jiē

序也。和，故百物皆化；序，故群物皆

bié yuè yóu tiān zuò lǐ yǐ dì zhì guò zhì zé luàn guò

别。乐由天作，礼以地制，过制则乱，过

zuò zé bào míng yú tiān dì rán hòu néng xīng lǐ yuè yě

作则暴。明于天地，然后能兴礼乐也。

lùn lún wú huàn yuè zhī qíng yě xīn xǐ huān ài
论伦无患，乐之情也；欣喜欢爱，
yuè zhī guān yě zhōng zhèng wú xié lǐ zhī zhì yě zhuāng
乐之官也。中正无邪，礼之质也；庄
jìng gōng shùn lǐ zhī zhì yě ruò fú lǐ yuè zhī yì yú
敬恭顺，礼之制也。若夫礼乐之施于
jīn shí yuè yú shēng yīn yòng yú zōng miào shè jì shì hū
金石，越于声音，用于宗庙社稷，事乎
shān chuān guǐ shén zé cǐ suǒ yǔ mín tóng yě
山川鬼神，则此所与民同也。

wáng zhě gōng chéng zuò yuè zhì dìng zhì lǐ qí gōng dà
王者功成作乐，治定制礼，其功大
zhě qí yuè bèi qí zhì biàn zhě qí lǐ jù gān qī zhī
者其乐备，其治辩遍者其礼具。干戚之
wǔ fēi bèi yuè yě shú pēng ér sì fēi dá lǐ
舞，非备乐也；孰熟亨烹而祀，非达礼
yě **Wǔ dì** shū shí bù xiāng yán yuè **Sān wáng** yì shì
也。五帝殊时，不相沿乐；三王异世，
bù xiāng xí lǐ yuè jí zé yōu lǐ cū zé piān yǐ jí
不相袭礼。乐极则忧，礼粗则偏矣。及
fú dūn yuè ér wú yōu lǐ bèi ér bù piān zhě qí wéi dà
夫敦乐而无忧，礼备而不偏者，其唯大
shèng hū
圣乎！

tiān gāo dì xià wàn wù sàn shū ér lǐ zhì xíng
天高地下，万物散殊，而礼制行
yǐ liú ér bù xī hé tóng ér huà ér yuè xīng yān chūn
矣。流而不息，合同而化，而乐兴焉。春
zuò xià zhǎng rén yě qiū liǎn dōng cáng yì yě rén jìn
作夏长，仁也。秋敛冬藏，义也。仁近
yú yuè yì jìn yú lǐ yuè zhě dūn hé shuài shén ér cóng
于乐，义近于礼。乐者敦和，率神而从
tiān lǐ zhě bié yí jū guǐ ér cóng dì gù shèng rén zuò
天；礼者别宜，居鬼而从地。故圣人作
yuè yǐ yìng tiān zhì lǐ yǐ pèi dì lǐ yuè míng bèi tiān
乐以应天，制礼以配地。礼乐明备，天
dì guān yǐ
地官矣。

tiān zūn dì bēi jūn chén dìng yǐ bēi gāo yǐ chén guì
天尊地卑，君臣定矣。卑高已陈，贵
jiàn wèi yǐ dòng jìng yǒu cháng xiǎo dà shū yǐ fāng yǐ lèi
贱位矣。动静有常，小大殊矣。方以类
jù wù yǐ qún fēn zé xìng mìng bù tóng yǐ zài tiān chéng
聚，物以群分，则性命不同矣。在天成
xiàng zài dì chéng xíng rú cǐ zé lǐ zhě tiān dì zhī
象，在地成形，如此，则礼者，天地之
bié yě
别也。

dì qì shàng jī tiān qì xià jiàng yīn yáng xiāng mó
地气上齐（跻），天气下降，阴阳相摩

tiān dì xiāng dàng gǔ zhī yǐ léi tíng fèn zhī yǐ fēng yǔ
天地相荡，鼓之以雷霆，奋之以风雨

dòng zhī yǐ sì shí nuǎn zhī yǐ rì yuè ér bǎi huà xīng
动之以四时，煖（暖）之以日月，而百化兴

yān rú cǐ zé yuè zhě tiān dì zhī hé yě huà bù
焉。如此，则乐者，天地之和也。化不

shí zé bù shēng nán nǚ wú biàn zé luàn shēng tiān dì zhī qíng
时则不生，男女无辨则乱升，天地之情

yě jí fú lǐ yuè zhī jí hū tiān ér pán hū dì xíng
也。及夫礼乐之极乎天而蟠乎地，行

hū yīn yáng ér tōng hū guǐ shén qióng gāo jí yuǎn ér cè shēn
乎阴阳而通乎鬼神，穷高极远而测深

hòu yuè zhù tài shǐ ér lǐ jū chéng wù zhù bù xī
厚。乐著大（太）始，而礼居成物。著不息

zhě tiān yě zhù bú dòng zhě dì yě yí dòng yí jìng
者，天也；著不动者，地也。一动一静

zhě tiān dì zhī jiān yě gù shèng rén yuē lǐ yuè yún
者，天地之间也。故圣人曰"礼乐"云。

xī zhě **Shùn** zuò wǔ xián zhī qín yǐ gē nán fēng
昔者，舜作五弦之琴以歌《南风》，

Kuí shǐ zhì yuè yǐ shǎng zhū hóu gù tiān zǐ zhī wéi yuè yě
夔始制乐以赏诸侯。故天子之为乐也，

yǐ shǎng zhū hóu zhī yǒu dé zhě yě dé shèng ér jiào zūn
以赏诸侯之有德者也。德盛而教尊，
wǔ gǔ shí shú rán hòu shǎng zhī yǐ yuè gù qí zhì mín
五谷时孰[熟]，然后赏之以乐。故其治民
láo zhě qí wǔ háng zhuì yuǎn qí zhì mín yì zhě qí wǔ
劳者，其舞行缀远；其治民逸者，其舞
háng zhuì duǎn gù guān qí wǔ zhī qí dé wén qí shì
行缀短。故观其舞，知其德；闻其谥，
zhī qí xíng yě
知其行也。

dà zhāng zhāng zhī yě xián chí bèi yǐ
《大章》，章之也。《咸池》，备矣。
sháo jì yě xià dà yě Yīn Zhōu zhī
《韶》，继也。《夏》，大也。殷、周之
yuè jìn yǐ
乐尽矣。

tiān dì zhī dào hán shǔ bù shí zé jí fēng yǔ bù
天地之道，寒暑不时则疾，风雨不
jié zé jī jiào zhě mín zhī hán shǔ yě jiào bù shí zé
节则饥。教者，民之寒暑也，教不时则
shāng shì shì zhě mín zhī fēng yǔ yě shì bù jié zé wú
伤世；事者，民之风雨也，事不节则无
gōng rán zé xiān wáng zhī wéi yuè yě yǐ fǎ zhì yě shàn
功。然则先王之为乐也，以法治也，善

zé xíng xiàng dé yǐ
则行象德矣。

fú huàn shǐ wéi jiǔ fēi yǐ wéi huò yě ér yù sòng
夫豢豕为酒，非以为祸也，而狱讼

yì fán zé jiǔ zhī liú shēng huò yě shì gù xiān wáng yīn wéi
益繁，则酒之流生祸也。是故先王因为

jiǔ lǐ yí xiàn zhī lǐ bīn zhǔ bǎi bài zhōng rì yǐn jiǔ
酒礼。一献之礼，宾主百拜，终日饮酒

ér bù dé zuì yān cǐ xiān wáng zhī suǒ yǐ bèi jiǔ huò yě
而不得醉焉，此先王之所以备酒祸也。

gù jiǔ shí zhě suǒ yǐ hé huān yě
故酒食者，所以合欢也。

yuè zhě suǒ yǐ xiàng dé yě lǐ zhě suǒ yǐ chuò
乐者，所以象德也。礼者，所以缀

yín yě shì gù xiān wáng yǒu dà shì bì yǒu lǐ yǐ āi
淫也。是故先王有大事，必有礼以哀

zhī yǒu dà fú bì yǒu lǐ yǐ lè zhī āi lè zhī
之；有大福，必有礼以乐之。哀乐之

fèn jiē yǐ lǐ zhōng yuè yě zhě shèng rén zhī suǒ lè
分，皆以礼终。乐也者，圣人之所乐

yě ér kě yǐ shàn mín xīn qí gǎn rén shēn qí yí fēng
也，而可以善民心。其感人深，其移风

yì sú gù xiān wáng zhù qí jiào yān
易俗，故先王著其教焉。

fú mín yǒu xuè qì xīn zhì zhī xìng ér wú āi lè

夫民有血气心知（智）之性，而无哀乐

xǐ nù zhī cháng yìng gǎn qǐ wù ér dòng rán hòu xīn shù xíng

喜怒之常，应感起物而动，然后心术形

yān shì gù zhì wēi jiāo shài zhī yīn zuò ér mín sī yōu

焉。是故志微、噍杀之音作而民思忧；

chǎn xié màn yì fán wén jiǎn jié zhī yīn zuò ér mín kāng

啴谐、慢易、繁文、简节之音作而民康

lè cū lì měng qǐ fèn mò guǎng fèn zhī yīn zuò

乐；粗厉、猛起、奋末、广贲（愤）之音作

ér mín gāng yì lián zhí jìng zhèng zhuāng chéng zhī yīn zuò ér

而民刚毅；廉直、劲正、庄诚之音作而

mín sù jìng kuān yù ròu hào shùn chéng hé dòng zhī yīn

民肃敬；宽裕、肉好、顺成、和动之音

zuò ér mín cí ài liú pì xié sǎn dí chéng dí làn

作而民慈爱；流辟（僻）、邪散、狄成、涤滥

zhī yīn zuò ér mín yín luàn

之音作而民淫乱。

shì gù xiān wáng běn zhī qíng xìng jī zhī dù shù zhì

是故先王本之情性，稽之度数，制

zhī lǐ yì hé shēng qì zhī hé dǎo wǔ cháng zhī xíng

之礼义，合生气之和，道（导）五常之行，

shǐ zhī yáng ér bú sàn yīn ér bú mì gāng qì bú nù

使之阳而不散，阴而不密，刚气不怒，

róu qì bú shè sì chàng jiāo yú zhōng ér fā zuò yú wài jiē
柔气不慑，四畅交于中而发作于外，皆

ān qí wèi ér bù xiāng duó yě rán hòu lì zhī xué děng
安其位而不相夺也。然后立之学等，

guǎng qí jié zòu xǐng qí wén cǎi yǐ shéng dé hòu lǜ xiǎo
广其节奏，省其文采，以绳德厚，律小

dà zhī chèn bǐ zhōng shǐ zhī xù yǐ xiàng shì xíng shǐ qīn
大之称，比终始之序，以象事行，使亲

shū guì jiàn zhǎng yòu nán nǚ zhī lǐ jiē xíng xiàn yú
疏、贵贱、长幼、男女之理，皆形见（现）于

yuè gù yuē yuè guān qí shēn yǐ
乐，故曰："乐观其深矣。"

tǔ bì zé cǎo mù bù zhǎng shuǐ fán zé yú biē bú
土敝则草木不长，水烦则鱼鳖不

dà qì shuāi zé shēng wù bú suì shì luàn zé lǐ tè ér yuè
大，气衰则生物不遂，世乱则礼慝而乐

yín shì gù qí shēng āi ér bù zhuāng lè ér bù ān màn
淫。是故其声哀而不庄，乐而不安；慢

yì yǐ fàn jié liú miǎn yǐ wàng běn guǎng zé róng jiān xiá
易以犯节，流湎以忘本；广则容奸，狭

zé sī yù gǎn tiáo chàng zhī qì ér miè píng hé zhī dé
则思欲；感条畅之气，而灭平和之德。

shì yǐ jūn zǐ jiàn zhī yě
是以君子贱之也。

fán jiān shēng gǎn rén ér nì qì yìng zhī nì qì chéng
凡奸声感人而逆气应之。逆气成
xiàng ér yín yuè xīng yān zhèng shēng gǎn rén ér shùn qì yìng zhī
象而淫乐兴焉。正声感人而顺气应之。
shùn qì chéng xiàng ér hé yuè xīng yān chàng hè yǒu yìng huí
顺气成象而和乐兴焉。倡[唱]和有应，回
xié qū zhí gè guī qí fèn ér wàn wù zhī lǐ gè yǐ
邪曲直，各归其分，而万物之理，各以
lèi xiāng dòng yě
类相动也。

shì gù jūn zǐ fǎn qíng yǐ hé qí zhì bǐ lèi yǐ chéng
是故君子反情以和其志，比类以成
qí xíng jiān shēng luàn sè bù liú cōng míng yín yuè tè lǐ
其行。奸声乱色，不留聪明；淫乐慝礼，
bù jiē xīn shù duò màn xié pì zhī qì bú shè yú shēn
不接心术；惰慢邪辟[僻]之气，不设于身
tǐ shǐ ěr mù bí kǒu xīn zhì bǎi tǐ jiē yóu
体，使耳、目、鼻、口、心知[智]、百体皆由
shùn zhèng yǐ xíng qí yì
顺正以行其义。

rán hou fā yǐ shēng yīn ér wén yǐ qín sè dòng yǐ
然后发以声音，而文以琴瑟，动以
gān qī shì yǐ yǔ máo cóng yǐ xiāo guǎn fèn zhì dé zhī
干戚，饰以羽旄，从以箫管。奋至德之

guāng dòng sì qì zhī hé yǐ zhù wàn wù zhī lǐ
光，动四气之和，以著万物之理。

shì gù qīng míng xiàng tiān guǎng dà xiàng dì zhōng shǐ xiàng
是故清明象天，广大象地，终始象

sì shí zhōu xuán xiàng fēng yǔ wǔ sè chéng wén ér bú luàn
四时，周还旋象风雨。五色成文而不乱，

bā fēng cóng lǜ ér bù jiān bǎi dù dé shù ér yǒu cháng
八风从律而不奸，百度得数而有常。

xiǎo dà xiāng chéng zhōng shǐ xiāng shēng chàng hè qīng zhuó dié
小大相成，终始相生，倡唱和清浊，迭

xiāng wéi jīng
相为经。

gù yuè xíng ér lún qīng ěr mù cōng míng xuè qì hé
故乐行而伦清，耳目聪明，血气和

píng yí fēng yì sú tiān xià jiē níng
平，移风易俗，天下皆宁。

gù yuē yuè zhě lè yě jūn zǐ lè dé qí
故曰：“乐者，乐也。”君子乐得其

dào xiǎo rén lè dé qí yù yǐ dào zhì yù zé lè ér
道，小人乐得其欲。以道制欲，则乐而

bú luàn yǐ yù wàng dào zé huò ér bú lè shì gù jūn
不乱；以欲忘道，则惑而不乐。是故君

zǐ fǎn qíng yǐ hé qí zhì guǎng yuè yǐ chéng qí jiào yuè
子反情以和其志，广乐以成其教。乐

xìng ér mín xiàng fāng kě yǐ guān dé yǐ dé zhě xìng
行而民乡(向)方，可以观德矣。德者，性
zhī duān yě yuè zhě dé zhī huá yě jīn shí sī zhú
之端也。乐者，德之华也。金石丝竹，
yuè zhī qì yě shī yán qí zhì yě gē yǒng qí shēng
乐之器也。诗，言其志也。歌，咏其声
yě wǔ dòng qí róng yě sān zhě běn yú xīn rán hòu
也。舞，动其容也。三者本于心，然后
yuè qì cóng zhī shì gù qíng shēn ér wén míng qì shèng ér huà
乐器从之。是故情深而文明，气盛而化
shén hé shùn jī zhōng ér yīng huá fā wài wéi yuè bù kě
神，和顺积中，而英华发外，唯乐不可
yǐ wéi wěi
以为伪。

yuè zhě xīn zhī dòng yě shēng zhě yuè zhī xiàng yě
乐者，心之动也。声者，乐之象也。
wén cǎi jié zòu shēng zhī shì yě jūn zǐ dòng qí běn yuè
文采节奏，声之饰也。君子动其本，乐
qí xiàng rán hòu zhì qí shì shì gù xiān gǔ yǐ jǐng jiè
其象，然后治其饰。是故先鼓以警戒，
sān bù yǐ xiàn fāng zài shǐ yǐ zhù wǎng fù luàn yǐ chì
三步以见(现)方，再始以著往，复乱以饬
guī fèn jí ér bù bá jí yōu ér bù yǐn dú lè qí
归，奋疾而不拔，极幽而不隐，独乐其

zhì bú yàn qí dào bèi jǔ qí dào bù sī qí yù
志，不厌其道，备举其道，不私其欲。

shì gù qíng xiàn ér yì lì yuè zhōng ér dé zūn jūn zǐ
是故情见（现）而义立，乐终而德尊，君子

yǐ hào shàn xiǎo rén yǐ tīng guò gù yuē shēng mín zhī
以好善，小人以听过。故曰："生民之

dào yuè wéi dà yān
道，乐为大焉。"

yuè yě zhě shī yě lǐ yě zhě bào yě yuè
乐也者，施也。礼也者，报也。乐，

lè qí suǒ zì shēng lǐ fǎn qí suǒ zì shǐ yuè zhāng
乐其所自生；礼，反（返）其所自始。乐章

dé lǐ bào qíng fǎn shǐ yě
德，礼报情，反（返）始也。

suǒ wèi dà lù zhě tiān zǐ zhī chē yě lóng qí jiǔ
所谓大辂者，天子之车也。龙旂九

liú tiān zǐ zhī jīng yě qīng hēi yuán zhě tiān zǐ zhī bǎo
旒，天子之旌也。青黑缘者，天子之宝

guī yě cóng zhī yǐ niú yáng zhī qún zé suǒ yǐ zèng zhū
龟也。从之以牛羊之群，则所以赠诸

hóu yě
侯也。

yuè yě zhě qíng zhī bù kě biàn zhě yě lǐ yě
乐也者，情之不可变者也。礼也

zhě lǐ zhī bù kě yì zhě yě yuè tǒng tóng lǐ biàn
者，理之不可易者也。乐统同，礼辨
yì lǐ yuè zhī shuō guǎn hū rén qíng yǐ
异。礼乐之说，管乎人情矣。

qióng běn zhī biàn yuè zhī qíng yě zhù chéng qù wěi
穷本知变，乐之情也；著诚去伪，
lǐ zhī jīng yě lǐ yuè fù tiān dì zhī qíng dá shén míng
礼之经也。礼乐偩天地之情，达神明
zhī dé jiàng xīng shàng xià zhī shén ér níng shì jīng cū zhī
之德，降兴上下之神，而凝是精粗之
tǐ lǐng fù zǐ jūn chén zhī jié
体，领父子君臣之节。

shì gù dà rén jǔ lǐ yuè zé tiān dì jiāng wéi zhāo
是故大人举礼乐，则天地将为昭
yān tiān dì xīn hé yīn yáng xiāng dé xù yù fù yù wàn
焉。天地䜣合，阴阳相得，煦妪覆育万
wù rán hòu cǎo mù mào gōu méng dá yǔ yì fèn jiǎo
物，然后草木茂，区【勾】萌达，羽翼奋，角
gé shēng zhé chóng zhāo sū yǔ zhě yù fú máo zhě yùn
觡生，蛰虫昭苏，羽者妪伏，毛者孕
yù tāi shēng zhě bù dú ér luǎn shēng zhě bú xù zé yuè
鬻【育】，胎生者不殰，而卵生者不殈，则乐
zhī dào guī yān ěr
之道归焉耳。

yuè zhě fēi wèi huáng zhōng dà lǚ xián gē gān
乐者，非谓黄钟、大吕、弦歌、干
yáng yě yuè zhī mò jié yě gù tóng zhě wǔ zhī pū yán
扬也，乐之末节也，故童者舞之。铺筵
xí chén zūn zǔ liè biān dòu yǐ shēng jiàng wéi lǐ zhě
席，陈尊俎，列笾豆，以升降为礼者，
lǐ zhī mò jié yě gù yǒu sī zhǎng zhī yuè shī biàn hū shēng
礼之末节也，故有司掌之。乐师辨乎声
shī gù běi miàn ér xián zōng zhù biàn hū zōng miào zhī lǐ
诗，故北面而弦；宗祝辨乎宗庙之礼，
gù hòu shī shāng zhù biàn hū sāng lǐ gù hòu zhǔ rén shì
故后尸；商祝辨乎丧礼，故后主人。是
gù dé chéng ér shàng yì chéng ér xià xíng chéng ér xiān shì
故德成而上，艺成而下，行成而先，事
chéng ér hòu shì gù xiān wáng yǒu shàng yǒu xià yǒu xiān yǒu
成而后。是故先王有上有下，有先有
hòu rán hòu kě yǐ yǒu zhì yú tiān xià yě
后，然后可以有制于天下也。

Wèi wén hóu wèn yú **Zǐ xià** yuē wú duān miǎn ér tīng
魏文侯问于子夏曰：“吾端冕而听
gǔ yuè zé wéi kǒng wò tīng **Zhèng** **Wèi** zhī yīn zé bù zhī
古乐，则唯恐卧；听郑、卫之音，则不知
juàn gǎn wèn gǔ yuè zhī rú bǐ hé yě xīn yuè zhī rú
倦。敢问古乐之如彼何也？新乐之如

cǐ hé yě
此何也？”

Zǐ xià duì yuē　jīn fú gǔ yuè　jìn lǚ tuì lǚ
子夏对曰：“今夫古乐，进旅退旅，
hé zhèng yǐ guǎng　xián　páo　shēng　huáng　huì shǒu fǔ gǔ
和正以广，弦、匏、笙、簧，会守拊鼓，
shǐ zòu yǐ wén　fù luàn yǐ wǔ　zhì luàn yǐ xiàng　xùn jí
始奏以文，复乱以武。治乱以相，讯疾
yǐ yǎ　jūn zǐ yú shì yǔ　yú shì dào gǔ　xiū shēn jí
以雅。君子于是语，于是道古。修身及
jiā　píng jūn tiān xià　cǐ gǔ yuè zhī fā yě　jīn fú xīn
家，平均天下。此古乐之发也。今夫新
yuè　jìn fǔ tuì fǔ　jiān shēng yǐ làn　nì ér bù zhǐ　jí
乐，进俯退俯，奸声以滥，溺而不止，及
yōu　zhū rú　náo zá zǐ nǚ　bù zhī fù zǐ　yuè zhōng
优、侏儒，猱杂子女，不知父子。乐终，
bù kě yǐ yǔ　bù kě yǐ dào gǔ　cǐ xīn yuè zhī fā
不可以语，不可以道古。此新乐之发
yě　jīn jūn zhī suǒ wèn zhě yuè yě　suǒ hào zhě yīn yě
也。今君之所问者乐也，所好者音也。
fú yuè zhě　yǔ yīn xiāng jìn ér bù tóng
夫乐者，与音相近而不同。”

Wén hóu yuē　gǎn wèn hé rú　Zǐ xià duì yuē
文侯曰：“敢问何如？”子夏对曰：

fú gǔ zhě tiān dì shùn ér sì shí dàng mín yǒu dé ér
“夫古者天地顺而四时当，民有德而

wǔ gǔ chāng jí chèn bú zuò ér wú yāo xiáng cǐ zhī wèi
五谷昌，疾疢不作而无妖祥，此之谓

dà dàng rán hòu shèng rén zuò wéi fù zǐ jūn chén yǐ wéi
大当。然后圣人作，为父子君臣以为

jì gāng jì gāng jì zhèng tiān xià dà dìng tiān xià dà
纪纲。纪纲既正，天下大定。天下大

dìng rán hòu zhèng liù lǜ hé wǔ shēng xián gē shī
定，然后正六律，和五声，弦歌《诗》、

sòng cǐ zhī wèi dé yīn dé yīn zhī wèi yuè
《颂》。此之谓德音，德音之谓乐。

shī yún mò qí dé yīn qí dé kè míng kè
《诗》云：‘莫其德音，其德克明。克

míng kè lèi kè zhǎng kè jūn wàng cǐ dà bāng kè shùn kè
明克类，克长克君。王此大邦，克顺克

bǐ bǐ yú **Wén wáng** qí dé mí huǐ jì shòu dì zhǐ
俾。俾于文王，其德靡悔。既受帝祉，

yì yú sūn zǐ cǐ zhī wèi yě jīn jūn zhī suǒ hào
施于孙子。’此之谓也。今君之所好

zhě qí nì yīn hū
者，其溺音乎？”

Wén hóu yuē gǎn wèn nì yīn hé cóng chū yě **Zǐ**
文侯曰：“敢问溺音何从出也？”子

xià duì yuē Zhèng yīn hào làn yín zhì Sòng yīn yān nǚ nì
夏对曰："郑音好滥淫志，宋音燕女溺

zhì Wèi yīn cù sù fán zhì Qí yīn ào pì
志，卫音趋（促）数（速）烦志，齐音敖（傲）辟（僻）

jiāo zhì cǐ sì zhě jiē yín yú sè ér hài yú dé shì
乔（骄）志。此四者，皆淫于色而害于德，是

yǐ jì sì fú yòng yě shī yún sù yōng hé míng
以祭祀弗用也。《诗》云：'肃雍和鸣，

xiān zǔ shì tīng fú sù sù jìng yě yōng yōng hé
先祖是听。'夫肃，肃敬也。雍，雍和

yě fú jìng yǐ hé hé shì bù xíng wéi rén jūn zhě
也。夫敬以和，何事不行？为人君者，

jǐn qí suǒ hào wù ér yǐ yǐ jūn hào zhī zé chén wéi
谨其所好恶而已矣。君好之，则臣为

zhī shàng xíng zhī zé mín cóng zhī shī yún yòu
之；上行之，则民从之。《诗》云：'诱

mín kǒng yì cǐ zhī wèi yě rán hòu shèng rén zuò wéi
民孔易。'此之谓也。然后圣人作，为

táo gǔ qiāng qià xūn chí cǐ liù zhě dé yīn
鼗、鼓、椌、楬、埙、篪，此六者，德音

zhī yīn yě rán hòu zhōng qìng yú sè yǐ hè zhī
之音也。然后钟、磬、竽、瑟以和之，

gān qī máo dí yǐ wǔ zhī cǐ suǒ yǐ jì xiān wáng
干、戚、旄、狄以舞之。此所以祭先王

zhī miào yě suǒ yǐ xiàn chóu yìn zuò yě suǒ yǐ guān
之庙也，所以献、酬、酳、酢也，所以官
xù guì jiàn gè dé qí yí yě suǒ yǐ shì hòu shì yǒu zūn
序贵贱各得其宜也，所以示后世有尊
bēi zhǎng yòu zhī xù yě
卑长幼之序也。

zhōng shēng kēng kēng yǐ lì hào hào yǐ lì héng
“钟声铿，铿以立号，号以立横，
héng yǐ lì wǔ jūn zǐ tīng zhōng shēng zé sī wǔ chén shí
横以立武。君子听钟声，则思武臣。石
shēng qìng qìng yǐ lì biàn biàn yǐ zhì sǐ jūn zǐ tīng qìng
声磬，磬以立辨，辨以致死。君子听磬
shēng zé sī sǐ fēng jiāng zhī chén sī shēng āi āi yǐ lì
声，则思死封疆之臣。丝声哀，哀以立
lián lián yǐ lì zhì jūn zǐ tīng qín sè zhī shēng zé sī
廉，廉以立志。君子听琴瑟之声，则思
zhì yì zhī chén zhú shēng làn làn yǐ lì huì huì yǐ jù
志义之臣。竹声滥，滥以立会，会以聚
zhòng jūn zǐ tīng yú shēng xiāo guǎn zhī shēng zé sī xù
众。君子听竽、笙、箫、管之声，则思畜
jù zhī chén gǔ pí zhī shēng huān huān yǐ lì dòng dòng
聚之臣。鼓鼙之声讙，讙以立动，动
yǐ jìn zhòng jūn zǐ tīng gǔ pí zhī shēng zé sī jiàng shuài
以进众。君子听鼓鼙之声，则思将帅

zhī chén jūn zǐ zhī tīng yīn fēi tīng qí kēng qiāng ér yǐ
之臣。君子之听音，非听其铿铃(锵)而已

yě bǐ yì yǒu suǒ hé zhī yě
也，彼亦有所合之也。”

Bīn móu gǔ shì zuò yú Kǒng zǐ Kǒng zǐ yǔ zhī yán
宾牟贾侍坐于孔子，孔子与之言，

jí yuè yuē fú wǔ zhī bèi jiè zhī yǐ jiǔ hé
及乐，曰：“夫《武》之备戒之已久，何

yě duì yuē bìng bù dé qí zhòng yě
也？”对曰：“病不得其众也。”

yǒng tàn zhī yín yè zhī hé yě duì yuē
“咏叹之，淫液之，何也？”对曰：

kǒng bú dài shì yě
“恐不逮事也。”

fā yáng dǎo lì zhī yǐ zǎo hé yě duì
“发扬蹈厉之已蚤(早)，何也？”对

yuē jí shí shì yě
曰：“及时事也。”

wǔ zuò zhì yòu xuān zuǒ hé yě duì
“《武》坐致右宪(轩)左，何也？”对

yuē fēi wǔ zuò yě
曰：“非《武》坐也。”

shēng yín jí shāng hé yě duì yuē fēi
“声淫及商，何也？”对曰：“非

wǔ yīn yě zǐ yuē ruò fēi wǔ yīn zé
《武》音也。”子曰：“若非《武》音，则

hé yīn yě duì yuē yǒu sī shī qí chuán yě ruò fēi
何音也？”对曰：“有司失其传也。若非

yǒu sī shī qí chuán zé Wǔ wáng zhī zhì huāng yǐ zǐ yuē
有司失其传，则武王之志荒矣。”子曰：

wéi Qiū zhī wén zhū Cháng hóng yì ruò wú zǐ zhī yán
“唯。丘之闻诸苌弘，亦若吾子之言，

shì yě
是也。”

Bīn móu gǔ qǐ miǎn xí ér qǐng yuē fú wǔ
宾牟贾起，免席而请曰：“夫《武》

zhī bèi jiè zhī yǐ jiǔ zé jì wén mìng yǐ gǎn wèn chí
之备戒之已久，则既闻命矣，敢问迟

zhī chí ér yòu jiǔ hé yě
之，迟而又久，何也？”

zǐ yuē jū wú yù rǔ fú yuè zhě xiàng chéng
子曰：“居，吾语汝。夫乐者，象成

zhě yě zǒng gān ér shān lì Wǔ wáng zhī shì yě fā yáng
者也。总干而山立，武王之事也。发扬

dǎo lì Tài gōng zhī zhì yě wǔ luàn jiē zuò
蹈厉，大[太]公之志也。《武》乱皆坐，

Zhōu Shào zhī zhì yě qiě fú wǔ shǐ ér běi chū
周、召之治也。且夫《武》，始而北出，

zài chéng ér miè Shāng sān chéng ér nán sì chéng ér nán guó shì
再成而灭商，三成而南，四成而南国是

jiāng wǔ cheng ér fēn Zhōu gōng zuǒ Shào gōng yòu liù chéng fù
疆，五成而分，周公左，召公右，六成复

zhuì yǐ chóng tiān zǐ jiá zhèn zhī ér sì fá shèng wēi yú
缀以崇天子。夹振之而驷(四)伐，盛威于

zhōng guó yě fēn jiá ér jìn shì zǎo jì yě jiǔ lì
中国也。分夹而进，事蚤(早)济也。久立

yú zhuì yǐ dài zhū hóu zhī zhì yě qiě rǔ dú wèi wén
于缀，以待诸侯之至也。且女(汝)独未闻

Mù yě zhī yǔ hū Wǔ wáng kè Yīn fǎn Shāng wèi jí xià
牧野之语乎？武王克殷反商，未及下

chē ér fēng Huáng dì zhī hòu yú Jì fēng Dì yáo zhī hòu yú
车而封黄帝之后于蓟，封帝尧之后于

Zhù fēng Dì shùn zhī hòu yú Chén xià chē ér fēng Xià hòu shì
祝，封帝舜之后于陈，下车而封夏后氏

zhī hòu yú Qǐ tóu Yīn zhī hòu yú Sòng fēng wáng zǐ Bǐ
之后于杞，投殷之后于宋，封王子比

gān zhī mù shì Jī zǐ zhī qiú shǐ zhī xíng Shāng róng ér
干之墓，释箕子之囚，使之行商容而

fù qí wèi shù mín chí zhèng shù shì bèi lù jì Hé ér
复其位。庶民弛政，庶士倍禄。济河而

xī mǎ sàn zhī Huà shān zhī yáng ér fú fù chéng niú sàn zhī
西，马散之华山之阳而弗复乘，牛散之

桃林之野而弗复服，车甲衅而藏之府库而弗复用，倒载干戈，包之以虎皮，将帅之士使为诸侯，名之曰‘建〔键〕櫜’。然后天下知武王之不复用兵也。散军而郊射，左射《狸首》，右射《驺虞》，而贯革之射息也。裨冕搢笏，而虎贲之士说〔脱〕剑也。祀乎明堂，而民知孝。朝觐，然后诸侯知所以臣。耕藉〔籍〕，然后诸侯知所以敬。五者，天下之大教也。食三老五更于大〔太〕学，天子袒而割牲，执酱而馈，执爵而酳，冕而总干，所以教诸侯之弟〔悌〕也。若此，则周道四

dá lǐ yuè jiāo tōng zé fú wǔ zhī chí jiǔ bú yì
达，礼乐交通，则夫《武》之迟久，不亦

yí hū
宜乎！”

jūn zǐ yuē lǐ yuè bù kě sī xū qù shēn zhì yuè
君子曰：礼乐不可斯须去身。致乐

yǐ zhì xīn zé yì zhí cí liàng zhī xīn yóu rán
以治心，则易、直、子慈、谅之心油然

shēng yǐ yì zhí cí liàng zhī xīn shēng zé lè lè
生矣。易、直、子慈、谅之心生则乐，乐

zé ān ān zé jiǔ jiǔ zé tiān tiān zé shén tiān zé
则安，安则久，久则天，天则神。天则

bù yán ér xìn shén zé bú nù ér wēi zhì yuè yǐ zhì xīn
不言而信，神则不怒而威，致乐以治心

zhě yě zhì lǐ yǐ zhì gōng zé zhuāng jìng zhuāng jìng zé yán
者也。致礼以治躬则庄敬，庄敬则严

wēi xīn zhōng sī xū bù hé bú lè ér bǐ zhà zhī xīn rù
威。心中斯须不和不乐，而鄙诈之心入

zhī yǐ wài mào sī xū bù zhuāng bú jìng ér yì màn zhī
之矣。外貌斯须不庄不敬，而易慢之

xīn rù zhī yǐ
心入之矣。

gù yuè yě zhě dòng yú nèi zhě yě lǐ yě zhě
故乐也者，动于内者也。礼也者，

dòng yú wài zhě yě yuè jí hé lǐ jí shùn nèi hé ér
动于外者也。乐极和，礼极顺，内和而

wài shùn zé mín zhān qí yán sè ér fú yǔ zhēng yě wàng qí
外顺，则民瞻其颜色而弗与争也，望其

róng mào ér mín bù shēng yì màn yān gù dé huī dòng yú
容貌而民不生易慢焉。故德辉[辉]动于

nèi ér mín mò bù chéng tīng lǐ fā zhū wài ér mín mò
内，而民莫不承听；理发诸外，而民莫

bù chéng shùn gù yuē zhì lǐ yuè zhī dào jǔ ér cuò
不承顺。故曰："致礼乐之道，举而错

zhī tiān xià wú nán yǐ
之天下，无难矣。"

yuè yě zhě dòng yú nèi zhě yě lǐ yě zhě dòng yú
乐也者，动于内者也。礼也者，动于

wài zhě yě gù lǐ zhǔ qí jiǎn yuè zhǔ qí yíng lǐ jiǎn
外者也。故礼主其减，乐主其盈。礼减

ér jìn yǐ jìn wéi wén yuè yíng ér fǎn yǐ fǎn wéi wén
而进，以进为文；乐盈而反，以反为文。

lǐ jiǎn ér bú jìn zé xiāo yuè yíng ér bù fǎn zé fàng gù
礼减而不进则销，乐盈而不反则放，故

lǐ yǒu bào ér yuè yǒu fǎn lǐ dé qí bào zé lè yuè
礼有报而乐有反。礼得其报则乐，乐

dé qí fǎn zé ān lǐ zhī bào yuè zhī fǎn qí yì yī
得其反则安。礼之报，乐之反，其义一

yě
也。

fú yuè zhě lè yě rén qíng zhī suǒ bù néng miǎn
夫乐者，乐也，人情之所不耐（能）免

yě yuè bì fā yú shēng yīn xíng yú dòng jìng rén zhī dào
也。乐必发于声音，形于动静，人之道

yě shēng yīn dòng jìng xìng shù zhī biàn jìn yú cǐ yǐ
也。声音动静，性术之变，尽于此矣。

gù rén bú néng wú yuè yuè bú néng wú xíng xíng
故人不耐（能）无乐，乐不耐（能）无形。形

ér bù wéi dào bù néng wú luàn xiān wáng chǐ qí luàn
而不为道，不耐（能）无乱。先王耻其乱，

gù zhì yǎ sòng zhī shēng yǐ dǎo zhī shǐ qí
故制《雅》、《颂》之声以道（导）之，使其

shēng zú lè ér bù liú shǐ qí wén zú lùn ér bù xī shǐ
声足乐而不流，使其文足论而不息，使

qí qū zhí fán jí lián ròu jié zòu zú yǐ gǎn dòng
其曲直、繁瘠、廉肉、节奏，足以感动

rén zhī shàn xīn ér yǐ yǐ bù shǐ fàng xīn xié qì dé jiē
人之善心而已矣，不使放心邪气得接

yān shì xiān wáng lì yuè zhī fāng yě
焉。是先王立乐之方也。

shì gù yuè zài zōng miào zhī zhōng jūn chén shàng xià tóng tīng
是故乐在宗庙之中，君臣上下同听

zhī zé mò bù hé jìng zài zú zhǎng xiāng lǐ zhī zhōng zhǎng
之，则莫不和敬；在族长乡里之中，长

yòu tóng tīng zhī zé mò bù hé shùn zài guī mén zhī nèi fù
幼同听之，则莫不和顺；在闺门之内，父

zǐ xiōng dì tóng tīng zhī zé mò bù hé qīn gù yuè zhě
子兄弟同听之，则莫不和亲。故乐者，

shěn yī yǐ dìng hé bǐ wù yǐ shì jié jié zòu hé yǐ chéng
审一以定和，比物以饰节，节奏合以成

wén suǒ yǐ hé hé fù zǐ jūn chén fù qīn wàn mín yě
文，所以合和父子君臣，附亲万民也。

shì xiān wáng lì yuè zhī fāng yě
是先王立乐之方也。

gù tīng qí yǎ sòng zhī shēng zhì yì dé
故听其《雅》、《颂》之声，志意得

guǎng yān zhí qí gān qī xí qí fǔ yǎng qū shēn róng mào
广焉。执其干戚，习其俯仰诎伸，容貌

dé zhuāng yān xíng qí zhuì zhào yāo qí jié zòu háng liè
得庄焉。行其缀兆，要其节奏，行列

dé zhèng yān jìn tuì dé qí yān gù yuè zhě tiān dì zhī
得正焉，进退得齐焉。故乐者，天地之

mìng zhōng hé zhī jì rén qíng zhī suǒ bù néng miǎn yě
命，中和之纪，人情之所不能免也。

fú yuè zhě xiān wáng zhī suǒ yǐ shì xǐ yě jūn
夫乐者，先王之所以饰喜也。军

旅、铁、钺者，先王之所以饰怒也。故先王之喜怒，皆得其侪焉。喜则天下和之，怒则暴乱者畏之。先王之道，礼乐可谓盛矣。

子赣见师乙而问焉，曰："赐闻声歌各有宜也。如赐者，宜何歌也？"师乙曰："乙，贱工也，何足以问所宜？请诵其所闻，而吾子自执焉。爱者宜歌《商》。温良而能断者宜歌《齐》。夫歌者，直己而陈德也，动己而天地应焉，四时和焉，星辰理焉，万物育焉。故《商》者，五帝之遗声也。宽而静，柔

ér zhèng zhě yí gē sòng guǎng dà ér jìng shū dá ér
而正者，宜歌《颂》。广大而静，疏达而
xìn zhě yí gē dà yǎ gōng jiǎn ér hào lǐ zhě
信者，宜歌《大雅》。恭俭而好礼者，
yí gē xiǎo yǎ zhèng zhí ér jìng lián ér qiān zhě
宜歌《小雅》。正直而静，廉而谦者，
yí gē fēng sì zhí ér cí ài Shāng zhī yí shēng yě
宜歌《风》。肆直而慈爱，商之遗声也，
Shāng rén zhì zhī gù wèi zhī shāng qí zhě
商人识志之，故谓之《商》。《齐》者，
Sān dài zhī yí shēng yě Qí rén zhì zhī gù wèi zhī
三代之遗声也，齐人识志之，故谓之
qí
《齐》。

míng hū Shāng zhī yīn zhě lín shì ér lǚ duàn míng hū
明乎商之音者，临事而屡断；明乎
Qí zhī yīn zhě jiàn lì ér ràng lín shì ér lǚ duàn yǒng
齐之音者，见利而让。临事而屡断，勇
yě jiàn lì ér ràng yì yě yǒu yǒng yǒu yì fēi gē
也。见利而让，义也。有勇有义，非歌
shú néng bǎo cǐ gù gē zhě shàng rú kàng xià rú zhuì
孰能保此？故歌者上如抗，下如队坠，
qū rú zhé zhǐ rú gǎo mù jù zhōng jǔ gōu zhōng gōu
曲如折，止如槁木，倨中矩，句中钩，

léi léi hū duān rú guàn zhū gù gē zhī wéi yán yě cháng yán
累累乎端如贯珠。故歌之为言也，长言

zhī yě yuè zhī gù yán zhī yán zhī bù zú gù
之也。说(悦)之，故言之；言之不足，故

cháng yán zhī cháng yán zhī bù zú gù jiē tàn zhī jiē tàn
长言之；长言之不足，故嗟叹之；嗟叹

zhī bù zú gù bù zhī shǒu zhī wǔ zhī zú zhī dǎo zhī
之不足，故不知手之舞之，足之蹈之

yě
也。"

zǐ gòng wèn yuè
《子贡问乐》。

jīng jiě dì èr shí liù
经解第二十六

Kǒng zǐ yuē rù qí guó qí jiào kě zhī yě qí
孔子曰：“入其国，其教可知也：其

wéi rén yě wēn róu dūn hòu shī jiào yě shū tōng
为人也，温柔敦厚，《诗》教也。疏通

zhī yuǎn shū jiào yě guǎng bó yì liáng yuè jiào
知远，《书》教也。广博易良，《乐》教

yě jié jìng jīng wēi yì jiào yě gōng jiǎn zhuāng jìng
也。洁静精微，《易》教也。恭俭庄敬，

lǐ jiào yě zhǔ cí bǐ shì chūn qiū jiào yě
《礼》教也。属辞比事，《春秋》教也。

gù shī zhī shī yú shū zhī shī wū yuè
故《诗》之失愚，《书》之失诬，《乐》

zhī shī shē yì zhī shī zéi lǐ zhī shī fán
之失奢，《易》之失贼，《礼》之失烦，

chūn qiū zhī shī luàn qí wéi rén yě wēn róu dūn hòu
《春秋》之失乱。其为人也，温柔敦厚

ér bù yú zé shēn yú shī zhě yě shū tōng zhī yuǎn
而不愚，则深于《诗》者也。疏通知远

ér bù wū zé shēn yú shū zhě yě guǎng bó yì liáng ér
而不诬，则深于《书》者也。广博易良而
bù shē zé shēn yú yuè zhě yě jié jìng jīng wēi ér
不奢，则深于《乐》者也。洁静精微而
bù zéi zé shēn yú yì zhě yě gōng jiǎn zhuāng jìng ér
不贼，则深于《易》者也。恭俭庄敬而
bù fán zé shēn yú lǐ zhě yě zhǔ cí bǐ shì ér
不烦，则深于《礼》者也。属辞比事而
bú luàn zé shēn yú chūn qiū zhě yě
不乱，则深于《春秋》者也。”

tiān zǐ zhě yǔ tiān dì cān gù dé pèi tiān dì
天子者，与天地参，故德配天地，
jiān lì wàn wù yǔ rì yuè bìng míng míng zhào sì hǎi ér
兼利万物；与日月并明，明照四海，而
bù yí wēi xiǎo qí zài cháo tíng zé dào rén shèng lǐ yì zhī
不遗微小。其在朝廷则道仁圣礼义之
xù yàn chǔ zé tīng yǎ sòng zhī yīn xíng
序，燕【宴】处则听《雅》、《颂》之音，行
bù zé yǒu huán pèi zhī shēng shēng chē zé yǒu luán hé zhī yīn
步则有环佩之声，升车则有鸾和之音。
jū chǔ yǒu lǐ jìn tuì yǒu dù bǎi guān dé qí yí wàn
居处有礼，进退有度，百官得其宜，万
shì dé qí xù shī yún shū rén jūn zǐ qí yí
事得其序。《诗》云：“淑人君子，其仪

bú tè qí yí bú tè zhèng shì sì guó cǐ zhī wèi
不忒。其仪不忒，正是四国。”此之谓
yě
也。

fā hào chū lìng ér mín yuè wèi zhī hé shàng xià xiāng
发号出令而民悦，谓之和；上下相
qīn wèi zhī rén mín bù qiú qí suǒ yù ér dé zhī wèi
亲，谓之仁；民不求其所欲而得之，谓
zhī xìn chú qù tiān dì zhī hài wèi zhī yì yì yǔ
之信；除去天地之害，谓之义。义与
xìn hé yǔ rén bà wáng zhī qì yě yǒu zhì mín zhī yì
信，和与仁，霸王之器也。有治民之意
ér wú qí qì zé bù chéng
而无其器，则不成。

lǐ zhī yú zhèng guó yě yóu héng zhī yú qīng zhòng yě
礼之于正国也，犹衡之于轻重也，
shéng mò zhī yú qū zhí yě guī jǔ zhī yú fāng yuán yě
绳墨之于曲直也，规矩之于方圆也。
gù héng chéng xuán bù kě qī yǐ qīng zhòng shéng mò chéng
故衡诚县(悬)，不可欺以轻重；绳墨诚
chén bù kě qī yǐ qū zhí guī jǔ chéng shè bù kě qī
陈，不可欺以曲直；规矩诚设，不可欺
yǐ fāng yuán jūn zǐ shěn lǐ bù kě wū yǐ jiān zhà
以方圆；君子审礼，不可诬以奸诈。

shì gù lóng lǐ yóu lǐ wèi zhī yǒu fāng zhī shì
是故隆礼、由礼，谓之有方之士，
bù lóng lǐ bù yóu lǐ wèi zhī wú fāng zhī mín jìng ràng
不隆礼、不由礼，谓之无方之民，敬让
zhī dào yě gù yǐ fèng zōng miào zé jìng yǐ rù cháo tíng
之道也。故以奉宗庙则敬，以入朝廷
zé guì jiàn yǒu wèi yǐ chǔ shì jiā zé fù zǐ qīn xiōng
则贵贱有位，以处室家则父子亲、兄
dì hé yǐ chǔ xiāng lǐ zé zhǎng yòu yǒu xù **Kǒng zǐ** yuē
弟和，以处乡里则长幼有序。孔子曰：
ān shàng zhì mín mò shàn yú lǐ cǐ zhī wèi yě
“安上治民，莫善于礼。”此之谓也。

gù cháo jìn zhī lǐ suǒ yǐ míng jūn chén zhī yì yě
故朝觐之礼，所以明君臣之义也。
pìn wèn zhī lǐ suǒ yǐ shǐ zhū hóu xiāng zūn jìng yě sāng
聘问之礼，所以使诸侯相尊敬也。丧
jì zhī lǐ suǒ yǐ míng chén zǐ zhī ēn yě xiāng yǐn jiǔ
祭之礼，所以明臣子之恩也。乡饮酒
zhī lǐ suǒ yǐ míng zhǎng yòu zhī xù yě hūn yīn zhī
之礼，所以明长幼之序也。昏[婚]姻之
lǐ suǒ yǐ míng nán nǚ zhī bié yě fú lǐ jìn luàn zhī
礼，所以明男女之别也。夫礼，禁乱之
suǒ yóu shēng yóu fáng zhǐ shuǐ zhī suǒ zì lái yě gù yǐ jiù
所由生，犹坊止水之所自来也。故以旧

fáng wéi wú suǒ yòng ér huài zhī zhě bì yǒu shuǐ bài yǐ jiù
坊为无所用而坏之者，必有水败；以旧

lǐ wéi wú suǒ yòng ér qù zhī zhě bì yǒu luàn huàn
礼为无所用而去之者，必有乱患。

gù hūn yīn zhī lǐ fèi zé fū fù zhī dào kǔ
故昏【婚】姻之礼废，则夫妇之道苦，

ér yín pì zhī zuì duō yǐ xiāng yǐn jiǔ zhī lǐ fèi zé zhǎng
而淫辟之罪多矣。乡饮酒之礼废，则长

yòu zhī xù shī ér zhēng dòu zhī yù fán yǐ sāng jì zhī
幼之序失，而争斗之狱繁矣。丧祭之

lǐ fèi zé chén zǐ zhī ēn báo ér bèi sǐ wàng shēng zhě
礼废，则臣子之恩薄，而倍【背】死忘生者

zhòng yǐ pìn jìn zhī lǐ fèi zé jūn chén zhī wèi shī zhū
众矣。聘觐之礼废，则君臣之位失，诸

hóu zhī xíng è ér bèi pàn qīn líng zhī bài qǐ yǐ
侯之行恶，而倍【背】叛侵陵之败起矣。

gù lǐ zhī jiào huà yě wēi qí zhǐ xié yě yú wèi
故礼之教化也微，其止邪也于未

xíng shǐ rén rì xǐ shàn yuǎn zuì ér bú zì zhī yě shì yǐ
形，使人日徙善远罪而不自知也，是以

xiān wáng lóng zhī yě yì yuē jūn zǐ shèn shǐ chā
先王隆之也。《易》曰：“君子慎始，差

ruò háo lí miù yǐ qiān lǐ cǐ zhī wèi yě
若豪【毫】氂【厘】，缪【谬】以千里。”此之谓也。

āi gōng wèn dì èr shí qī

哀公问第二十七

Āi gōng wèn yú Kǒng zǐ yuē dà lǐ hé rú jūn
哀公问于孔子曰："大礼何如？君
zǐ zhī yán lǐ hé qí zūn yě Kǒng zǐ yuē Qiū
子之言礼，何其尊也！"孔子曰："丘
yě xiǎo rén bù zú yǐ zhī lǐ jūn yuē fǒu wú
也小人，不足以知礼。"君曰："否。吾
zǐ yán zhī yě Kǒng zǐ yuē Qiū wén zhī mín zhī suǒ
子言之也。"孔子曰："丘闻之，民之所
yóu shēng lǐ wéi dà fēi lǐ wú yǐ jié shì tiān dì zhī
由生，礼为大。非礼无以节事天地之
shén yě fēi lǐ wú yǐ biàn jūn chén shàng xià zhǎng yòu zhī
神也，非礼无以辨君臣、上下、长幼之
wèi yě fēi lǐ wú yǐ bié nán nǚ fù zǐ xiōng dì zhī
位也，非礼无以别男女、父子、兄弟之
qīn hūn yīn shū shuò zhī jiāo yě jūn zǐ yǐ cǐ zhī
亲，昏婚姻、疏数之交也。君子以此之
wéi zūn jìng rán
为尊敬然。

rán hòu yǐ qí suǒ néng jiāo bǎi xìng bú fèi qí huì
“然后以其所能教百姓，不废其会

jié yǒu chéng shì rán hòu zhì qí diāo lòu wén zhāng fǔ
节，有成事；然后治其雕镂、文章、黼

fú yǐ sì qí shùn zhī rán hòu yán qí sāng suàn bèi qí
黻以嗣，其顺之；然后言其丧算，备其

dǐng zǔ shè qí shǐ xī xiū qí zōng miào suì shí yǐ jìng
鼎俎，设其豕腊，修其宗庙，岁时以敬

jì sì yǐ xù zōng zú jí ān qí jū jié chǒu qí yī
祭祀，以序宗族，即安其居，节丑其衣

fú bēi qí gōng shì chē bù diāo jī qì bú kè lòu
服，卑其宫室，车不雕几，器不刻镂，

shí bú èr wèi yǐ yǔ mín tóng lì xī zhī jūn zǐ zhī xíng
食不贰味，以与民同利。昔之君子之行

lǐ zhě rú cǐ
礼者如此。”

gōng yuē jīn zhī jūn zǐ hú mò xíng zhī yě
公曰：“今之君子，胡莫行之也？”

Kǒng zǐ yuē jīn zhī jūn zǐ hào shí wú yàn yín dé
孔子曰：“今之君子，好实无厌，淫德

bú juàn huāng dài ào màn gù mín shì jìn wǔ qí zhòng
不倦，荒怠敖(傲)慢，固民是尽。午(忤)其众

yǐ fá yǒu dào qiú dé dàng yù bù yǐ qí suǒ xī zhī
以伐有道，求得当欲，不以其所。昔之

yòng mín zhě yóu qián jīn zhī yòng mín zhě yóu hòu jīn zhī jūn
用民者由前，今之用民者由后。今之君
zǐ mò wéi lǐ yě
子莫为礼也。”

Kǒng zǐ shì zuò yú Āi gōng Āi gōng yuē gǎn wèn
孔子侍坐于哀公，哀公曰：“敢问
rén dào shuí wéi dà Kǒng zǐ qiǎo rán zuò sè ér duì yuē
人道谁为大？”孔子愀然作色而对曰：
jūn zhī jí cǐ yán yě bǎi xìng zhī dé yě gù chén gǎn
“君之及此言也，百姓之德也。固臣敢
wú cí ér duì rén dào zhèng wéi dà
无辞而对？人道政为大。”

gōng yuē gǎn wèn hé wèi wéi zhèng Kǒng zǐ duì
公曰：“敢问何谓为政？”孔子对
yuē zhèng zhě zhèng yě jūn wéi zhèng zé bǎi xìng cóng zhèng
曰：“政者，正也。君为正，则百姓从政
yǐ jūn zhī suǒ wéi bǎi xìng zhī suǒ cóng yě jūn suǒ bù
矣。君之所为，百姓之所从也。君所不
wéi bǎi xìng hé cóng gōng yuē gǎn wèn wéi zhèng rú zhī
为，百姓何从？”公曰：“敢问为政如之
hé Kǒng zǐ duì yuē fū fù bié fù zǐ qīn jūn
何？”孔子对曰：“夫妇别，父子亲，君
chén yán sān zhě zhèng zé shù wù cóng zhī yǐ
臣严，三者正，则庶物从之矣。”

gōng yuē　guǎ rén suī wú sì yě　yuàn wén suǒ yǐ xíng
公曰："寡人虽无似也，愿闻所以行

sān yán zhī dào　kě dé wén hū　Kǒng zǐ duì yuē　gǔ
三言之道，可得闻乎？"孔子对曰："古

zhī wéi zhèng　ài rén wéi dà　suǒ yǐ zhì ài rén　lǐ wéi
之为政，爱人为大。所以治爱人，礼为

dà　suǒ yǐ zhì lǐ　jìng wéi dà　jìng zhī zhì yǐ　dà
大；所以治礼，敬为大。敬之至矣，大

hūn　wéi dà　dà hūn　zhì yǐ　dà hūn　jì zhì　miǎn
昏(婚)为大。大昏(婚)至矣。大昏(婚)既至，冕

ér qīn yíng　qīn zhī yě　qīn zhī yě zhě　qīn zhī yě
而亲迎，亲之也。亲之也者，亲之也。

shì gù jūn zǐ xīng jìng wéi qīn　shě jìng shì yí qīn yě
是故君子兴敬为亲，舍敬是遗亲也。

fú ài bù qīn　fú jìng bú zhèng　ài yǔ jìng　qí zhèng zhī
弗爱不亲，弗敬不正。爱与敬，其政之

běn yú
本与(欤)！"

gōng yuē　guǎ rén yuàn yǒu yán　rán miǎn ér qīn yíng
公曰："寡人愿有言。然冕而亲迎，

bù yǐ zhòng hū　Kǒng zǐ qiǎo rán zuò sè ér duì yuē　hé
不已重乎？"孔子愀然作色而对曰："合

èr xìng zhī hǎo　yǐ jì xiān shèng zhī hòu　yǐ wéi tiān dì
二姓之好，以继先圣之后，以为天地、

zōng miào shè jì zhī zhǔ jūn hé wèi yǐ zhòng hū
宗庙、社稷之主，君何谓已重乎？”

gōng yuē guǎ rén gù bú gù yān dé wén cǐ yán
公曰：“寡人固。不固，焉得闻此言

yě guǎ rén yù wèn bù dé qí cí qǐng shǎo jìn
也？寡人欲问，不得其辞。请少进。”

Kǒng zǐ yuē tiān dì bù hé wàn wù bù shēng dà hūn
孔子曰：“天地不合，万物不生。大昏(婚)，

wàn shì zhī sì yě jūn hé wèi yǐ zhòng yān Kǒng zǐ suì
万世之嗣也，君何谓已重焉？”孔子遂

yán yuē nèi yǐ zhì zōng miào zhī lǐ zú yǐ pèi tiān dì
言曰：“内以治宗庙之礼，足以配天地

zhī shén míng chū yǐ zhì zhí yán zhī lǐ zú yǐ lì shàng xià
之神明；出以治直言之礼，足以立上下

zhī jìng wù chǐ zú yǐ zhèn zhī guó chǐ zú yǐ xīng zhī
之敬。物耻足以振之，国耻足以兴之。

wéi zhèng xiān lǐ lǐ qí zhèng zhī běn yú
为政先礼，礼其政之本与(欤)！”

Kǒng zǐ suì yán yuē xī Sān dài míng wáng zhī zhèng
孔子遂言曰：“昔三代明王之政，

bì jìng qí qī zǐ yě yǒu dào qī yě zhě qīn zhī zhǔ
必敬其妻子也，有道。妻也者，亲之主

yě gǎn bú jìng yú zǐ yě zhě qīn zhī hòu yě gǎn
也，敢不敬与(欤)？子也者，亲之后也，敢

bú jìng yú jūn zǐ wú bú jìng yě jìng shēn wéi dà
不敬与(欤)？君子无不敬也，敬身为大。
shēn yě zhě qīn zhī zhī yě gǎn bú jìng yú bù néng
身也者，亲之枝也，敢不敬与(欤)？不能
jìng qí shēn shì shāng qí qīn shāng qí qīn shì shāng qí běn
敬其身，是伤其亲；伤其亲，是伤其本；
shāng qí běn zhī cóng ér wáng sān zhě bǎi xìng zhī xiàng
伤其本，枝从而亡。三者，百姓之象
yě shēn yǐ jí shēn zǐ yǐ jí zǐ fēi yǐ jí fēi
也。身以及身，子以及子，妃以及妃，
jūn xíng cǐ sān zhě zé kài hū tiān xià yǐ Tài wáng zhī
君行此三者，则忾乎天下矣。大(太)王之
dào yě rú cǐ zé guó jiā shùn yǐ
道也如此，则国家顺矣。”

gōng yuē gǎn wèn hé wèi jìng shēn Kǒng zǐ duì
公曰：“敢问何谓敬身？”孔子对
yuē jūn zǐ guò yán zé mín zuò cí guò dòng zé mín zuò
曰：“君子过言则民作辞，过动则民作
zé jūn zǐ yán bú guò cí dòng bú guò zé bǎi xìng bù
则。君子言不过辞，动不过则，百姓不
mìng ér jìng gōng rú shì zé néng jìng qí shēn néng jìng qí
命而敬恭。如是，则能敬其身；能敬其
shēn zé néng chéng qí qīn yǐ
身，则能成其亲矣。”

gōng yuē gǎn wèn hé wèi chéng qīn Kǒng zǐ duì
公曰："敢问何谓成亲？"孔子对
yuē jūn zǐ yě zhě rén zhī chéng míng yě bǎi xìng guī
曰："君子也者，人之成名也。百姓归
zhī míng wèi zhī jūn zǐ zhī zǐ shì shǐ qí qīn wéi jūn
之名，谓之君子之子，是使其亲为君
zǐ yě shì wéi chéng qí qīn zhī míng yě yǐ
子也，是为成其亲之名也已。"

Kǒng zǐ suì yán yuē gǔ zhī wéi zhèng ài rén wéi
孔子遂言曰："古之为政，爱人为
dà bù néng ài rén bù néng yǒu qí shēn bù néng yǒu qí
大。不能爱人，不能有其身；不能有其
shēn bù néng ān tǔ bù néng ān tǔ bù néng lè tiān bù
身，不能安土；不能安土，不能乐天；不
néng lè tiān bù néng chéng qí shēn
能乐天，不能成其身。"

gōng yuē gǎn wèn hé wèi chéng shēn Kǒng zǐ duì
公曰："敢问何谓成身？"孔子对
yuē bú guò hū wù
曰："不过乎物。"

gōng yuē gǎn wèn jūn zǐ hé guì hū tiān dào yě
公曰："敢问君子何贵乎天道也？"
Kǒng zǐ duì yuē guì qí bù yǐ rú rì yuè dōng xī xiāng
孔子对曰："贵其不已。如日月东西相

cóng ér bù yǐ yě shì tiān dào yě bú bì qí jiǔ shì
从而不已也，是天道也；不闭其久，是
tiān dào yě wú wéi ér wù chéng shì tiān dào yě yǐ chéng
天道也；无为而物成，是天道也；已成
ér míng shì tiān dào yě
而明，是天道也。”

gōng yuē guǎ rén chōng yú míng fán zǐ zhì zhī
公曰：“寡人惷愚、冥烦，子志(识)之
xīn yě
心也。”

Kǒng zǐ cù rán bì xí ér duì yuē rén rén bú
孔子蹴然辟(避)席而对曰：“仁人不
guò hū wù xiào zǐ bú guò hū wù shì gù rén rén zhī
过乎物，孝子不过乎物。是故仁人之
shì qīn yě rú shì tiān shì tiān rú shì qīn shì gù xiào
事亲也如事天，事天如事亲。是故孝
zǐ chéng shēn
子成身。”

gōng yuē guǎ rén jì wén cǐ yán yě wú rú hòu
公曰：“寡人既闻此言也，无如后
zuì hé Kǒng zǐ duì yuē jūn zhī jí cǐ yán yě shì
罪何！”孔子对曰：“君之及此言也，是
chén zhī fú yě
臣之福也。”

zhòng ní yàn jū dì èr shí bā

仲尼燕居第二十八

Zhòng ní yàn jū Zǐ zhāng Zǐ gòng Yán yóu shì
仲尼燕居，子张、子贡、言游侍，

zòng yán zhì yú lǐ zǐ yuē jū rǔ sān rén zhě
纵言至于礼。子曰：“居，女（汝）三人者，

wú yù rǔ lǐ shǐ rǔ yǐ lǐ zhōu liú wú bú biàn
吾语女（汝）礼，使女（汝）以礼周流，无不遍

yě Zǐ gòng yuè xí ér duì yuē gǎn wèn hé rú
也。”子贡越席而对曰：“敢问何如？”

zǐ yuē jìng ér bú zhòng lǐ wèi zhī yě gōng ér bú zhòng
子曰：“敬而不中礼谓之野，恭而不中

lǐ wèi zhī jǐ yǒng ér bú zhòng lǐ wèi zhī nì zǐ
礼谓之给，勇而不中礼谓之逆。”子

yuē jǐ duó cí rén
曰：“给夺慈仁。”

zǐ yuē Shī ěr guò ér Shāng yě bù jí Zǐ chǎn
子曰：“师，尔过，而商也不及。子产

yóu zhòng rén zhī mǔ yě néng sì zhī bù néng jiào yě
犹众人之母也，能食之，不能教也。”

子贡越席而对曰："敢问将何以为此中者也？"子曰："礼乎礼。夫礼所以制中也。"

子贡退，言游进曰："敢问礼也者，领恶而全好者与欤？"子曰："然。""然则何如？"子曰："郊社之义，所以仁鬼神也。尝禘之礼，所以仁昭穆也。馈奠之礼，所以仁死丧也。射乡之礼，所以仁乡党也。食飨之礼，所以仁宾客也。"子曰："明乎郊社之义、尝禘之礼，治国其如指诸掌而已乎！是故以之居处有礼，故长幼辨也。以之闺门之

nèi yǒu lǐ gù sān zú hé yě yǐ zhī cháo tíng yǒu lǐ
内有礼，故三族和也。以之朝廷有礼，

gù guān jué xù yě yǐ zhī tián liè yǒu lǐ gù róng shì xián
故官爵序也。以之田猎有礼，故戎事闲

yě yǐ zhī jūn lǚ yǒu lǐ gù wǔ gōng chéng yě shì gù
也。以之军旅有礼，故武功成也。是故

gōng shì dé qí dù liàng dǐng dé qí xiàng wèi dé qí shí
宫室得其度，量鼎得其象，味得其时，

yuè dé qí jié chē dé qí shì guǐ shén dé qí xiǎng sāng
乐得其节，车得其式，鬼神得其飨，丧

jì dé qí āi biàn shuō dé qí dǎng guān dé qí tǐ zhèng
纪得其哀，辨说得其党，官得其体，政

shì dé qí shī jiā yú shēn ér cuò yú qián fán zhòng zhī
事得其施，加于身而错措于前，凡众之

dòng dé qí yí zǐ yuē lǐ zhě hé yě jí shì zhī
动得其宜。”子曰：“礼者何也？即事之

zhì yě jūn zǐ yǒu qí shì bì yǒu qí zhì zhì guó ér
治也。君子有其事，必有其治。治国而

wú lǐ pì yóu gǔ zhī wú xiàng yú chāng chāng hū qí
无礼，譬犹瞽之无相与欤！伥伥乎其

hé zhī pì rú zhōng yè yǒu qiú yú yōu shì zhī zhōng fēi
何之？譬如终夜有求于幽室之中，非

zhú hé jiàn ruò wú lǐ zé shǒu zú wú suǒ cuò ěr
烛何见？若无礼，则手足无所错措，耳

目无所加，进退揖让无所制。是故以之居处，长幼失其别，闺门三族失其和，朝廷官爵失其序，田猎戎事失其策，军旅武功失其制，宫室失其度，量鼎失其象，味失其时，乐失其节，车失其式，鬼神失其飨，丧纪失其哀，辨说失其党，官失其体，政事失其施，加于身而错（措）于前，凡众之动失其宜。如此，则无以祖洽于众也。”

子曰：“慎听之，女（汝）三人者，吾语女（汝）：礼犹有九焉，大飨有四焉。苟知此矣，虽在畎亩之中，事之，圣人已。两

jūn xiāng jiàn yī ràng ér rù mén rù mén ér xuán xīng
君相见，揖让而入门，入门而县(悬)兴，
yī ràng ér shēng táng shēng táng ér yuè què xià guǎn xiàng
揖让而升堂，升堂而乐阕，下管《象
wǔ xià yuè xù xīng chén qí jiàn zǔ xù qí
武》、《夏籥》序兴，陈其荐俎，序其
lǐ yuè bèi qí bǎi guān rú cǐ ér hòu jūn zǐ zhī rén
礼乐，备其百官。如此而后，君子知仁
yān xíng zhòng guī xuán zhòng jǔ hé luán zhòng cǎi zī
焉。行中规，还中矩，和鸾中《采齐(茨)》，
kè chū yǐ yōng chè yǐ zhèn yǔ shì gù jūn
客出以《雍》，彻以《振羽》，是故君
zǐ wú wù ér bú zài lǐ yǐ rù mén ér jīn zuò shì
子无物而不在礼矣。入门而金作，示
qíng yě shēng gē qīng miào shì dé yě xià ér guǎn
情也。升歌《清庙》，示德也。下而管
xiàng shì shì yě shì gù gǔ zhī jūn zǐ bú bì
《象》，示事也。是故古之君子，不必
qīn xiāng yǔ yán yě yǐ lǐ yuè xiāng shì ér yǐ
亲相与言也，以礼乐相示而已。”

zǐ yuē lǐ yě zhě lǐ yě yuè yě zhě jié
子曰：“礼也者，理也。乐也者，节
yě jūn zǐ wú lǐ bú dòng wú jié bú zuò bù néng
也。君子无理不动，无节不作。不能

shī yú lǐ miù bù néng yuè yú lǐ sù bó yú
《诗》，于礼缪(谬)；不能乐，于礼素；薄于
dé yú lǐ xū
德，于礼虚。”

zǐ yuē zhì dù zài lǐ wén wéi zài lǐ xíng zhī
子曰：“制度在礼，文为在礼。行之
qí zài rén hū Zǐ gòng yuè xí ér duì yuē gǎn wèn
其在人乎！”子贡越席而对曰：“敢问
Kuí qí qióng yú zǐ yuē gǔ zhī rén yú gǔ
夔其穷与(欤)？”子曰：“古之人与(欤)？古
zhī rén yě dá yú lǐ ér bù dá yú yuè wèi zhī sù
之人也。达于礼而不达于乐，谓之素；
dá yú yuè ér bù dá yú lǐ wèi zhī piān fú Kuí dá yú
达于乐而不达于礼，谓之偏。夫夔达于
yuè ér bù dá yú lǐ shì yǐ chuán yú cǐ míng yě gǔ
乐，而不达于礼，是以传于此名也，古
zhī rén yě
之人也。”

Zǐ zhāng wèn zhèng zǐ yuē Shī hū qián wú yǔ
子张问政。子曰：“师乎，前，吾语
rǔ hū jūn zǐ míng yú lǐ yuè jǔ ér cuò zhī ér
女(汝)乎！君子明于礼乐，举而错(措)之而
yǐ Zǐ zhāng fù wèn zǐ yuē Shī ěr yǐ wéi bì pù
已。”子张复问。子曰：“师，尔以为必铺

jī yán shēng jiàng zhuó xiàn chóu zuò rán hòu wèi zhī
几筵，升降，酌、献、酬、酢，然后谓之

lǐ hū ěr yǐ wéi bì xíng zhuì zhào xīng yǔ yuè zuò zhōng
礼乎？尔以为必行缀兆，兴羽籥，作钟

gǔ rán hòu wèi zhī yuè hū yán ér lǚ zhī lǐ yě
鼓，然后谓之乐乎？言而履之，礼也。

xíng ér lè zhī yuè yě jūn zǐ lì cǐ èr zhě yǐ nán
行而乐之，乐也。君子力此二者，以南

miàn ér lì fú shì yǐ tiān xià tài píng yě zhū hóu
面而立，夫是以天下大[太]平也。诸侯

cháo wàn wù fú tǐ ér bǎi guān mò gǎn bù chéng shì yǐ
朝，万物服体，而百官莫敢不承事矣。

lǐ zhī suǒ xīng zhòng zhī suǒ zhì yě lǐ zhī suǒ fèi zhòng
礼之所兴，众之所治也。礼之所废，众

zhī suǒ luàn yě mù qiǎo zhī shì zé yǒu ào zuò xí zé
之所乱也。目巧之室，则有奥阼，席则

yǒu shàng xià chē zé yǒu zuǒ yòu xíng zé yǒu suí lì zé
有上下，车则有左右，行则有随，立则

yǒu xù gǔ zhī yì yě shì ér wú ào zuò zé luàn yú
有序，古之义也。室而无奥阼，则乱于

táng shì yě xí ér wú shàng xià zé luàn yú xí shàng yě
堂室也。席而无上下，则乱于席上也。

chē ér wú zuǒ yòu zé luàn yú chē yě xíng ér wú suí
车而无左右，则乱于车也。行而无随，

zé luàn yú tú yě lì ér wú xù zé luàn yú wèi yě

则乱于涂也。立而无序，则乱于位也。

xī shèng dì míng wáng zhū hóu biàn guì jiàn zhǎng yòu

昔圣帝、明王、诸侯，辨贵贱、长幼、

yuǎn jìn nán nǚ wài nèi mò gǎn xiāng yú yuè jiē yóu

远近、男女、外内，莫敢相逾越，皆由

cǐ tú chū yě sān zǐ zhě jì dé wén cǐ yán yě yú

此涂出也。”三子者既得闻此言也于

fū zǐ zhāo rán ruò fā méng yǐ

夫子，昭然若发矇矣。

kǒng zǐ xián jū dì èr shí jiǔ

孔子闲居第二十九

Kǒng zǐ xián jū Zǐ xià shì Zǐ xià yuē gǎn
孔子闲居，子夏侍。子夏曰：“敢

wèn shī yún kǎi tì jūn zǐ mín zhī fù mǔ
问《诗》云‘凯（恺）弟（悌）君子，民之父母’，

hé rú sī kě wèi mín zhī fù mǔ yǐ Kǒng zǐ yuē
何如？斯可谓民之父母矣？”孔子曰：

fú mín zhī fù mǔ hū bì dá yú lǐ yuè zhī yuán yǐ
“夫民之父母乎！必达于礼乐之原，以

zhì wǔ zhì ér xíng sān wú yǐ héng yú tiān xià sì fāng
致五至而行三无，以横于天下。‘四方’

yǒu bài bì xiān zhī zhī cǐ zhī wèi mín zhī fù mǔ
有败，必先知之，此之谓‘民之父母’

yǐ
矣。”

Zǐ xià yuē mín zhī fù mǔ jì dé ér wén
子夏曰：“‘民之父母’，既得而闻

zhī yǐ gǎn wèn hé wèi wǔ zhì Kǒng zǐ yuē zhì
之矣，敢问何谓‘五至’？”孔子曰：“志

之所至，《诗》亦至焉。《诗》之所至，礼亦至焉。礼之所至，乐亦至焉。乐之所至，哀亦至焉。哀乐相生。是故正明目而视之，不可得而见也。倾耳而听之，不可得而闻也。志气塞乎天地，此之谓‘五至’。”

子夏曰：“‘五至’既得而闻之矣，敢问何谓‘三无’？”孔子曰：“无声之乐，无体之礼，无服之丧，此之谓‘三无’。”子夏曰：“‘三无’既得略而闻之矣，敢问何诗近之？”孔子曰：“‘夙夜其命宥密’，无声之乐也。‘威仪逮逮

dì bù kě xuǎn yě wú tǐ zhī lǐ yě fán mín
逮棣，不可选也’，无体之礼也。‘凡民
yǒu sāng pú fú jiù zhī wú fú zhī sāng yě
有丧，匍匐救之’，无服之丧也。”

Zǐ xià yuē yán zé dà yǐ měi yǐ shèng yǐ
子夏曰：“言则大矣，美矣，盛矣！
yán jìn yú cǐ ér yǐ hū Kǒng zǐ yuē hé wéi qí
言尽于此而已乎？”孔子曰：“何为其
rán yě jūn zǐ zhī fú zhī yě yóu yǒu wǔ qǐ yān
然也？君子之服之也，犹有五起焉。”
Zǐ xià yuē hé rú zǐ yuē wú shēng zhī yuè qì
子夏曰：“何如？”子曰：“无声之乐，气
zhì bù wéi wú tǐ zhī lǐ wēi yí chí chí wú fú zhī
志不违；无体之礼，威仪迟迟；无服之
sāng nèi shù kǒng bēi wú shēng zhī yuè qì zhì jì dé wú
丧，内恕孔悲。无声之乐，气志既得；无
tǐ zhī lǐ wēi yí yì yì wú fú zhī sāng yì jí sì
体之礼，威仪翼翼；无服之丧，施及四
guó wú shēng zhī yuè qì zhì jì cóng wú tǐ zhī lǐ
国。无声之乐，气志既从；无体之礼，
shàng xià hé tóng wú fú zhī sāng yǐ xù wàn bāng wú shēng
上下和同；无服之丧，以畜万邦。无声
zhī yuè rì wén sì fāng wú tǐ zhī lǐ rì jiù yuè jiāng
之乐，日闻四方；无体之礼，日就月将；

无服之丧，纯德孔明。无声之乐，气志既起；无体之礼，施及四海；无服之丧，施于孙子。”

子夏曰：“三王之德，参于天地，敢问何如斯可谓‘参于天地’矣？”孔子曰：“奉三无私，以劳天下。”子夏曰：“敢问何谓‘三无私’？”孔子曰：“天无私覆，地无私载，日月无私照。奉斯三者，以劳天下，此之谓‘三无私’。其在《诗》曰：‘帝命不违，至于汤齐[济]。汤降不迟，圣敬日齐[济]。昭假[格]迟迟，上帝是祗，帝命式于九围。’是汤之德也。

tiān yǒu sì shí chūn qiū dōng xià fēng yǔ shuāng lù wú fēi
天有四时，春秋冬夏，风雨霜露，无非
jiào yě dì zài shén qì shén qì fēng tíng fēng tíng liú
教也。地载神气，神气风霆，风霆流
xíng shù wù lù shēng wú fēi jiào yě qīng míng zài gōng
形，庶物露生，无非教也。清明在躬，
qì zhì rú shén shì yù jiāng zhì yǒu kāi bì xiān tiān jiàng
气志如神。嗜欲将至，有开必先。天降
shí yǔ shān chuān chū yún qí zài shī yuē sōng gāo
时雨，山川出云。其在《诗》曰：‘嵩高
wéi yuè jùn jí yú tiān wéi yuè jiàng shén shēng **Fǔ** jí
惟岳，峻极于天。惟岳降神，生甫及
Shēn wéi **Shēn** jí **Fǔ** wéi **Zhōu** zhī hàn sì guó yú fān sì
申。惟申及甫，惟周之翰。四国于蕃，四
fāng yú xuān cǐ **Wén** **Wǔ** zhī dé yě **Sān dài** zhī wáng
方于宣。’此文、武之德也。三代之王
yě bì xiān lìng wén shī yún míng míng tiān zǐ
也，必先令闻。《诗》云：‘明明天子，
lìng wén bù yǐ **Sān dài** zhī dé yě chí qí wén dé
令闻不已。’三代之德也。‘弛其文德，
xié cǐ sì guó **Tài wáng** zhī dé yě **Zǐ xià** guì rán
协此四国’，太王之德也。”子夏蹶然
ér qǐ fù qiáng ér lì yuē dì zǐ gǎn bù chéng hū
而起，负墙而立，曰：“弟子敢不承乎？”

biǎo jì dì sān shí èr

表记第三十二

zǐ yán zhī guī hū jūn zǐ yǐn ér xiǎn bù
子言之："归乎，君子隐而显，不
jīn ér zhuāng bú lì ér wēi bù yán ér xìn zǐ yuē
矜而庄，不厉而威，不言而信。"子曰：
jūn zǐ bù shī zú yú rén bù shī sè yú rén bù shī
"君子不失足于人，不失色于人，不失
kǒu yú rén shì gù jūn zǐ mào zú wèi yě sè zú dàn
口于人。是故君子貌足畏也，色足惮
yě yán zú xìn yě fǔ xíng yuē jìng jì ér wǎng
也，言足信也。《甫刑》曰：'敬忌，而罔
yǒu zé yán zài gōng
有择言在躬。'"

zǐ yuē xī xí zhī bù xiāng yīn yě yù mín zhī
子曰："裼袭之不相因也，欲民之
wú xiāng dú yě zǐ yuē jì jí jìng bú jì zhī yǐ
毋相渎也。"子曰："祭极敬，不继之以
lè cháo jí biàn bú jì zhī yǐ juàn
乐。朝极辨，不继之以倦。"

子曰："君子慎以辟避祸，笃以不揜，恭以远耻。"

子曰："君子庄敬日强，安肆日偷。君子不以一日使其躬儳焉如不终日。"

子曰："齐斋戒以事鬼神，择日月以见君，恐民之不敬也。"子曰："狎侮死焉而不畏也。"

子曰："无辞不相接也，无礼不相见也，欲民之毋相亵也。《易》曰：'初筮告，再三渎，渎则不告。'"

子言之："仁者，天下之表也；义者，天下之制也；报者，天下之利也。"

zǐ yuē yǐ dé bào dé zé mín yǒu suǒ quàn yǐ yuàn bào
子曰："以德报德，则民有所劝；以怨报

yuàn zé mín yǒu suǒ chéng shī yuē wú yán bù chóu
怨，则民有所惩。《诗》曰：'无言不雠，

wú dé bú bào tài jiǎ yuē mín fēi hòu wú
无德不报。'《大(太)甲》曰：'民非后，无

néng xū yǐ níng hòu fēi mín wú yǐ bì sì fāng
能胥以宁；后非民，无以辟四方。'"

zǐ yuē yǐ dé bào yuàn zé kuān shēn zhī rén yě
子曰："以德报怨，则宽身之仁也；

yǐ yuàn bào dé zé xíng lù zhī mín yě
以怨报德，则刑戮之民也。"

zǐ yuē wú yù ér hào rén zhě wú wèi ér wù bù
子曰："无欲而好仁者，无畏而恶不

rén zhě tiān xià yì rén ér yǐ yǐ shì gù jūn zǐ yì
仁者，天下一人而已矣。是故君子议

dào zì jǐ ér zhì fǎ yǐ mín zǐ yuē rén yǒu sān
道自己，而置法以民。"子曰："仁有三，

yǔ rén tóng gōng ér yì qíng yǔ rén tóng gōng qí rén wèi
与仁同功而异情。与仁同功，其仁未

kě zhī yě yǔ rén tóng guò rán hòu qí rén kě zhī yě
可知也。与仁同过，然后其仁可知也。

rén zhě ān rén zhì zhě lì rén wèi zuì zhě qiáng rén
仁者安仁，知(智)者利仁，畏罪者强仁。

rén zhě yòu yě dào zhě zuǒ yě rén zhě rén yě
仁者，右也；道者，左也。仁者，人也；
dào zhě yì yě hòu yú rén zhě bó yú yì qīn ér bù
道者，义也。厚于仁者薄于义，亲而不
zūn hòu yú yì zhě bó yú rén zūn ér bù qīn dào yǒu
尊。厚于义者薄于仁，尊而不亲。道有
zhì yì yǒu kǎo zhì dào yǐ wáng yì dào yǐ bà kǎo dào
至义有考，至道以王，义道以霸，考道
yǐ wéi wú shī
以为无失。”

zǐ yán zhī rén yǒu shù yì yǒu cháng duǎn xiǎo dà
子言之：“仁有数，义有长短小大。
zhōng xīn cǎn dá ài rén zhī rén yě shuài fǎ ér qiáng zhī
中心憯怛，爱人之仁也。率法而强之，
zī rén zhě yě shī yún Fēng shuǐ yǒu qǐ Wǔ wáng
资仁者也。《诗》云：‘丰水有芑，武王
qǐ bú shì yí jué sūn móu yǐ yàn yì zǐ Wǔ wáng zhēng
岂不仕。诒厥孙谋，以燕翼子。武王烝
zāi shù shì zhī rén yě guó fēng yuē wǒ jīn
哉！’数世之人也。《国风》曰：‘我今
bú yuè huáng xù wǒ hòu zhōng shēn zhī rén yě
不阅，皇恤我后？’终身之仁也。”

zǐ yuē rén zhī wéi qì zhòng qí wéi dào yuǎn jǔ
子曰：“仁之为器重，其为道远，举

zhě mò néng shèng yě xíng zhě mò néng zhì yě qǔ shù duō
者莫能胜也，行者莫能致也。取数多

zhě rén yě fú miǎn yú rén zhě bú yì nán hū shì
者，仁也。夫勉于仁者，不亦难乎？是

gù jūn zǐ yǐ yì duó rén zé nán wéi rén yǐ rén wàng
故君子以义度人，则难为人。以人望

rén zé xián zhě kě zhī yǐ yǐ zǐ yuē zhōng xīn ān
人，则贤者可知已矣。”子曰：“中心安

rén zhě tiān xià yì rén ér yǐ yǐ dà yǎ yuē
仁者，天下一人而已矣。《大雅》曰：

dé yóu rú máo mín xiǎn kè jǔ zhī wǒ yí tú zhī
‘德輶如毛，民鲜克举之。我仪图之，

wéi Zhòng shān fǔ jǔ zhī ài mò zhù zhī xiǎo yǎ
惟仲山甫举之，爱莫助之。’《小雅》

yuē gāo shān yǎng zhǐ jǐng xíng xíng zhǐ zǐ yuē
曰：‘高山仰止，景行行止。’”子曰：

shī zhī hào rén rú cǐ xiàng dào ér xíng zhōng dào ér
“《诗》之好仁如此。乡向道而行，中道而

fèi wàng shēn zhī lǎo yě bù zhī nián shù zhī bù zú yě
废，忘身之老也，不知年数之不足也。

miǎn yān rì yǒu zī zī bì ér hòu yǐ zǐ yuē rén
俛焉日有孳孳，毙而后已。”子曰：“仁

zhī nán chéng jiǔ yǐ rén rén shī qí suǒ hào gù rén zhě
之难成久矣，人人失其所好。故仁者

zhī guò yì cí yě zǐ yuē gōng jìn lǐ jiǎn jìn
之过，易辞也。”子曰：“恭近礼，俭近

rén xìn jìn qíng jìng ràng yǐ xíng cǐ suī yǒu guò qí
仁，信近情，敬让以行。此虽有过，其

bú shèn yǐ fú gōng guǎ guò qíng kě xìn jiǎn yì róng
不甚矣。夫恭寡过，情可信，俭易容

yě yǐ cǐ shī zhī zhě bú yì xiǎn hū shī yuē
也。以此失之者，不亦鲜乎？《诗》曰：

wēn wēn gōng rén wéi dé zhī jī zǐ yuē rén
‘温温恭人，惟德之基。’”子曰：“仁

zhī nán chéng jiǔ yǐ wéi jūn zǐ néng zhī shì gù jūn zǐ
之难成久矣，惟君子能之。是故君子

bù yǐ qí suǒ néng zhě bìng rén bù yǐ rén zhī suǒ bù néng
不以其所能者病人，不以人之所不能

zhě kuì rén shì gù shèng rén zhī zhì xíng yě bú zhì yǐ
者愧人。是故圣人之制行也，不制以

jǐ shǐ mín yǒu suǒ quàn miǎn kuì chǐ yǐ xíng qí yán lǐ
己，使民有所劝勉愧耻，以行其言。礼

yǐ jié zhī xìn yǐ jié zhī róng mào yǐ wén zhī yī fú
以节之，信以结之，容貌以文之，衣服

yǐ yí zhī péng yǒu yǐ jí zhī yù mín zhī yǒu yī yě
以移之，朋友以极之，欲民之有壹也。

xiǎo yǎ yuē bú kuì yú rén bú wèi yú tiān shì
《小雅》曰：‘不愧于人，不畏于天。’是

故君子服其服，则文以君子之容；有其容，则文以君子之辞；遂其辞，则实以君子之德。是故君子耻服其服而无其容，耻有其容而无其辞，耻有其辞而无其德，耻有其德而无其行。是故君子衰绖则有哀色，端冕则有敬色，甲胄则有不可辱之色。《诗》云：‘惟鹈在梁，不濡其翼。彼记之子，不称其服。’”

子言之：“君子之所谓义者，贵贱皆有事于天下，天子亲耕，粢盛秬鬯以事上帝，故诸侯勤以辅事于天子。”子曰：“下之事上也，虽有庇民之大德，不

gǎn yǒu jūn mín zhī xīn rén zhī hòu yě shì gù jūn zǐ
敢有君民之心，仁之厚也。是故君子

gōng jiǎn yǐ qiú yì rén xìn ràng yǐ qiú yì lǐ bú zì shàng
恭俭以求役仁，信让以求役礼，不自尚

qí shì bú zì zūn qí shēn jiǎn yú wèi ér guǎ yú yù
其事，不自尊其身，俭于位而寡于欲，

ràng yú xián bēi jǐ ér zūn rén xiǎo xīn ér wèi yì qiú
让于贤，卑己而尊人，小心而畏义，求

yǐ shì jūn dé zhī zì shì bù dé zì shì yǐ tīng tiān
以事君。得之自是，不得自是，以听天

mìng shī yún mò mò gé lěi yì yú tiáo méi
命。《诗》云：‘莫莫葛藟，施于条枚。

kǎi tì jūn zǐ qiú fú bù huí qí Shùn Yǔ Wén
凯恺弟悌君子，求福不回。’其舜、禹、文

wáng Zhōu gōng zhī wèi yú yǒu jūn mín zhī dà dé yǒu
王、周公之谓与欤？有君民之大德，有

shì jūn zhī xiǎo xīn shī yún wéi cǐ Wén wáng xiǎo
事君之小心。《诗》云：‘惟此文王，小

xīn yì yì zhāo shì shàng dì yù huái duō fú jué dé bù
心翼翼。昭事上帝，聿怀多福。厥德不

huí yǐ shòu fāng guó zǐ yuē xiān wáng shì yǐ zūn
回，以受方国。’”子曰：“先王谥以尊

míng jié yǐ yī huì chǐ míng zhī fú yú xíng yě shì gù
名，节以壹惠，耻名之浮于行也。是故

jūn zǐ bú zì dà qí shì bù zì shàng qí gōng yǐ qiú chǔ
君子不自大其事，不自尚其功，以求处

qíng guò xíng fú shuài yǐ qiú chǔ hòu zhāng rén zhī shàn
情。过行弗率，以求处厚。彰人之善，

ér měi rén zhī gōng yǐ qiú xià xián shì gù jūn zǐ suī z
而美人之功，以求下贤。是故君子虽自

bēi ér mín jìng zūn zhī zǐ yuē Hòu jì tiān xià zhī
卑而民敬尊之。”子曰：“后稷，天下之

wéi liè yě qǐ yì shǒu yì zú zāi wéi yù xíng zhī fú
为烈也，岂一手一足哉！唯欲行之，浮

yú míng yě gù zì wèi biàn rén zǐ yán zhī jūn zǐ
于名也，故自谓便人。”子言之：“君子

zhī suǒ wèi rén zhě qí nán hū shī yún kǎi
之所谓仁者，其难乎？《诗》云：‘凯(恺)

tì jūn zǐ mín zhī fù mǔ kǎi yǐ qiáng jiào zhī
弟(悌)君子，民之父母。’凯(恺)以强教之，

tì yǐ yuè ān zhī yuè ér wú huāng yǒu lǐ ér qīn
弟(悌)以说(悦)安之。乐而毋荒，有礼而亲，

wēi zhuāng ér ān xiào cí ér jìng shǐ mín yǒu fù zhī zūn
威庄而安，孝慈而敬，使民有父之尊，

yǒu mǔ zhī qīn rú cǐ ér hòu kě yǐ wéi mín fù mǔ yǐ
有母之亲。如此而后可以为民父母矣。

fēi zhì dé qí shú néng rú cǐ hū jīn fù zhī qīn z
非至德其孰能如此乎？今父之亲子

yě qīn xián ér xià wú néng mǔ zhī qīn zǐ yě xián zé
也，亲贤而下无能。母之亲子也，贤则
qīn zhī wú néng zé lián zhī mǔ qīn ér bù zūn fù zūn
亲之，无能则怜之。母亲而不尊，父尊
ér bù qīn shuǐ zhī yú mín yě qīn ér bù zūn huǒ zūn
而不亲。水之于民也，亲而不尊，火尊
ér bù qīn tǔ zhī yú mín yě qīn ér bù zūn tiān zūn
而不亲。土之于民也，亲而不尊，天尊
ér bù qīn mìng zhī yú mín yě qīn ér bù zūn guǐ zūn
而不亲。命之于民也，亲而不尊，鬼尊
ér bù qīn zǐ yuē **Xià** dào zūn mìng shì guǐ jìng shén
而不亲。”子曰：“夏道尊命，事鬼敬神
ér yuǎn zhī jìn rén ér zhōng yān xiān lù ér hòu wēi xiān
而远之，近人而忠焉，先禄而后威，先
shǎng ér hòu fá qīn ér bù zūn qí mín zhī bì chōng ér
赏而后罚，亲而不尊。其民之敝，惷而
yú jiāo ér yě pǔ ér bù wén **Yīn** rén zūn shén shuài
愚，乔骄而野，朴而不文。殷人尊神，率
mín yǐ shì shén xiān guǐ ér hòu lǐ xiān fá ér hòu shǎng
民以事神，先鬼而后礼，先罚而后赏，
zūn ér bù qīn qí mín zhī bì dàng ér bú jìng shèng ér
尊而不亲。其民之敝，荡而不静，胜而
wú chǐ **Zhōu** rén zūn lǐ shàng shī shì guǐ jìng shén ér yuǎn
无耻。周人尊礼尚施，事鬼敬神而远

zhī jìn rén ér zhōng yān qí shǎng fá yòng jué liè qīn ér
之，近人而忠焉。其赏罚用爵列，亲而

bù zūn qí mín zhī bì lì ér qiǎo wén ér bù cán zéi
不尊。其民之敝，利而巧，文而不惭，贼

ér bì zǐ yuē Xià dào wèi dú cí bù qiú bèi
而蔽。”子曰：“夏道未渎辞，不求备、

bú dà wàng yú mín mín wèi yàn qí qīn Yīn rén wèi dú
不大望于民，民未厌其亲。殷人未渎

lǐ ér qiú bèi yú mín Zhōu rén qiáng mín wèi dú shén
礼，而求备于民。周人强民，未渎神，

ér shǎng jué xíng fá qióng yǐ
而赏爵刑罚穷矣。”

zǐ yuē Yú Xià zhī dào guǎ yuàn yú mín
子曰：“虞、夏之道，寡怨于民。

Yīn Zhōu zhī dào bú shèng qí bì zǐ yuē Yú
殷、周之道，不胜其敝。”子曰：“虞、

Xià zhī zhì Yīn Zhōu zhī wén zhì yǐ Yú Xià zhī
夏之质，殷、周之文至矣。虞、夏之

wén bú shèng qí zhì Yīn Zhōu zhī zhì bú shèng qí wén
文不胜其质，殷、周之质不胜其文。”

zǐ yán zhī yuē hòu shì suī yǒu zuò zhě Yú dì fú kě
子言之曰：“后世虽有作者，虞帝弗可

jí yě yǐ yǐ jūn tiān xià shēng wú sī sǐ bú hòu qí
及也已矣。君天下，生无私，死不厚其

zǐ zǐ mín rú fù mǔ yǒu cǎn dá zhī ài yǒu zhōng lì
子，子民如父母，有憯怛之爱，有忠利
zhī jiào qīn ér zūn ān ér jìng wēi ér ài fù ér
之教，亲而尊，安而敬，威而爱，富而
yǒu lǐ huì ér néng sàn qí jūn zǐ zūn rén wèi yì chǐ
有礼，惠而能散。其君子尊仁畏义，耻
fèi qīng shí zhōng ér bú fàn yì ér shùn wén ér jìng kuān
费轻实，忠而不犯，义而顺，文而静，宽
ér yǒu biàn fǔ xíng yuē dé wēi wéi wēi dé míng
而有辨。《甫刑》曰：‘德威惟威，德明
wéi míng fēi **Yú dì** qí shú néng rú cǐ hū zǐ yán
惟明。’非虞帝，其孰能如此乎？”子言
zhī shì jūn xiān zī qí yán bài zì xiàn qí shēn yǐ chéng
之：“事君先资其言，拜自献其身，以成
qí xìn shì gù jūn yǒu zé yú qí chén chén yǒu sǐ yú qí
其信。是故君有责于其臣，臣有死于其
yán gù qí shòu lù bù wū qí shòu zuì yì guǎ
言，故其受禄不诬，其受罪益寡。”

zǐ yuē shì jūn dà yán rù zé wàng dà lì xiǎo
子曰：“事君，大言入则望大利，小
yán rù zé wàng xiǎo lì gù jūn zǐ bù yǐ xiǎo yán shòu dà
言入则望小利。故君子不以小言受大
lù bù yǐ dà yán shòu xiǎo lù yì yuē bù jiā
禄，不以大言受小禄。《易》曰：‘不家

shí jí zǐ yuē shì jūn bú xià dá bú shàng cí
食吉。’”子曰：“事君不下达，不尚辞，
fēi qí rén fú zì xiǎo yǎ yuē jìng gōng ěr wèi
非其人弗自。《小雅》曰：‘靖共尔位，
zhèng zhí shì yǔ shén zhī tīng zhī shì gǔ yǐ rǔ
正直是与。神之听之，式榖以女（汝）。’”
zǐ yuē shì jūn yuǎn ér jiàn zé chǎn yě jìn ér bù
子曰：“事君远而谏，则谄（谄）也；近而不
jiàn zé shī lì yě zǐ yuē ěr chén shǒu hé zǎi
谏，则尸利也。”子曰：“迩臣守和，宰
zhèng bǎi guān dà chén lǜ sì fāng zǐ yuē shì jūn yù
正百官，大臣虑四方。”子曰：“事君欲
jiàn bú yù chén shī yún xīn hū ài yǐ xiá bù
谏不欲陈。《诗》云：‘心乎爱矣，瑕不
wèi yǐ zhōng xīn cáng zhī hé rì wàng zhī
谓矣？中心藏之，何日忘之？’”

zǐ yuē shì jūn nán jìn ér yì tuì zé wèi yǒu
子曰：“事君难进而易退，则位有
xù yì jìn ér nán tuì zé luàn yě gù jūn zǐ sān yī
序；易进而难退，则乱也。故君子三揖
ér jìn yì cí ér tuì yǐ yuǎn luàn yě zǐ yuē
而进，一辞而退，以远乱也。”子曰：
shì jūn sān wéi ér bù chū jìng zé lì lù yě rén suī
“事君三违而不出竟，则利禄也。人虽

yuē bù yào wú fú xìn yě zǐ yuē shì jūn shèn
曰‘不要’，吾弗信也。”子曰：“事君慎

shǐ ér jìng zhōng zǐ yuē shì jūn kě guì kě jiàn kě
始而敬终。”子曰：“事君可贵可贱，可

fù kě pín kě shēng kě shā ér bù kě shǐ wéi luàn
富可贫，可生可杀，而不可使为乱。”

zǐ yuē shì jūn jūn lǚ bú bì nàn cháo tíng
子曰：“事君，军旅不辟[避]难，朝廷

bù cí jiàn chǔ qí wèi ér bù lǚ qí shì zé luàn yě
不辞贱。处其位而不履其事，则乱也。

gù jūn shǐ qí chén dé zhì zé shèn lǜ ér cóng zhī fǒu zé
故君使其臣，得志则慎虑而从之，否则

shú lǜ ér cóng zhī zhōng shì ér tuì chén zhī hòu yě
孰[熟]虑而从之。终事而退，臣之厚也。

yì yuē bú shì wáng hóu gāo shàng qí shì
《易》曰：‘不事王侯，高尚其事。’”

zǐ yuē wéi tiān zǐ shòu mìng yú tiān shì shòu mìng
子曰：“唯天子受命于天，士受命

yú jūn gù jūn mìng shùn zé chén yǒu shùn mìng jūn mìng
于君。故君命顺，则臣有顺命；君命

nì zé chen yǒu nì mìng shī yuē què zhī jiāng jiāng
逆，则臣有逆命。《诗》曰：‘鹊之姜姜，

chún zhī bēn bēn rén zhī wú liáng wǒ yǐ wéi jūn
鹑之贲贲。人之无良，我以为君。’”

zǐ yuē jūn zǐ bù yǐ cí jìn rén gù tiān xià
子曰："君子不以辞尽人。故天下
yǒu dào zé xíng yǒu zhī yè tiān xià wú dào zé cí yǒu
有道，则行有枝叶；天下无道，则辞有
zhī yè shì gù jūn zǐ yú yǒu sāng zhě zhī cè bù néng
枝叶。是故君子于有丧者之侧，不能
fù yān zé bú wèn qí suǒ fèi yú yǒu bìng zhě zhī cè
赙焉，则不问其所费；于有病者之侧，
bù néng kuì yān zé bú wèn qí suǒ yù yǒu kè bù néng
不能馈焉，则不问其所欲。有客不能
guǎn zé bú wèn qí suǒ shè gù jūn zǐ zhī jiē rú shuǐ
馆，则不问其所舍。故君子之接如水，
xiǎo rén zhī jiē rú lǐ jūn zǐ dàn yǐ chéng xiǎo rén gān
小人之接如醴。君子淡以成，小人甘
yǐ huài xiǎo yǎ yuē dào yán kǒng gān luàn shì yòng
以坏。《小雅》曰：'盗言孔甘，乱是用
tán
餤。'"

zǐ yuē jūn zǐ bù yǐ kǒu yù rén zé mín zuò
子曰："君子不以口誉人，则民作
zhōng gù jūn zǐ wèn rén zhī hán zé yì zhī wèn rén zhī
忠。故君子问人之寒则衣之，问人之
jī zé sì zhī chēng rén zhī měi zé jué zhī guó fēng
饥则食之，称人之美则爵之。《国风》

曰：‘心之忧矣，于我归说。’”子曰：“口惠而实不至，怨菑及其身。是故君子与其有诺责也，宁有已怨。《国风》曰：‘言笑晏晏，信誓旦旦。不思其反，反是不思，亦已焉哉。’”

子曰：“君子不以色亲人。情疏而貌亲，在小人则穿窬逾之盗也与欤？”子曰：“情欲信，辞欲巧。”子言之：“昔三代明王，皆事天地之神明，无非卜筮之用，不敢以其私亵事上帝。是故不犯日月，不违卜筮。卜筮不相袭也。大事有时日。小事无时日，有筮。外事用刚日，内事用柔日。不违龟筮。”子曰：“牲牷礼乐齐[粢]盛，是以无害乎鬼神，无怨乎百姓。”

子曰：“后稷之祀易富也。其辞恭，其欲俭，其禄及子孙。《诗》曰：‘后稷兆祀，庶无罪悔，以迄于今。’”

子曰：“大人之器威敬。天子无筮，诸侯有守筮。天子道以筮。诸侯非其国不以筮，卜宅寝室。天子不卜处大[太]庙。”子曰：“君子敬则用祭器。是以不废日月，不违龟筮，以敬事其君长。是以上不渎于民，下不亵于上。”

zī yī dì sān shí sān
缁衣第三十三

zǐ yán zhī yuē　wéi shàng yì shì yě　wéi xià yì zhī
子言之曰："为上易事也，为下易知
yě　zé xíng bù fán yǐ
也，则刑不烦矣。"

zǐ yuē　hào xián rú　zī yī　wù è rú
子曰："好贤如《缁衣》，恶恶如
xiàng bó　zé jué bù dú ér mín zuò yuàn　xíng bú shì ér
《巷伯》，则爵不渎而民作愿，刑不试而
mín xián fú　dà yǎ　yuē　yí xíng Wén wáng　wàn guó
民咸服。《大雅》曰：'仪刑文王，万国
zuò fú
作孚。'"

zǐ yuē　fū mín jiào zhī yǐ dé　qí zhī yǐ lǐ
子曰："夫民教之以德，齐之以礼，
zé mín yǒu gé xīn　jiào zhī yǐ zhèng　qí zhī yǐ xíng　zé
则民有格心；教之以政，齐之以刑，则
mín yǒu dùn xīn　gù jūn mín zhě　zǐ yǐ ài zhī　zé mín
民有遁心。故君民者，子以爱之，则民

qīn zhī xìn yǐ jié zhī zé mín bú bèi gōng yǐ lì
亲之；信以结之，则民不倍(背)；恭以莅

zhī zé mín yǒu xùn xīn fǔ xíng yuē Miáo mín fěi
之，则民有孙(逊)心。《甫刑》曰：‘苗民匪

yòng mìng zhì yǐ xíng wéi zuò wǔ nüè zhī xíng yuē fǎ
用命，制以刑，惟作五虐之刑，曰法。

shì yǐ mín yǒu è dé ér suì jué qí shì yě
是以民有恶德，而遂绝其世也。”

zǐ yuē xià zhī shì shàng yě bù cóng qí suǒ lìng
子曰：“下之事上也，不从其所令，

cóng qí suǒ xíng shàng hào shì wù xià bì yǒu shèn zhě yǐ
从其所行。上好是物，下必有甚者矣。

gù shàng zhī suǒ hào wù bù kě bú shèn yě shì mín zhī
故上之所好恶，不可不慎也，是民之

biǎo yě zǐ yuē Yǔ lì sān nián bǎi xìng yǐ rén suì
表也。”子曰：“禹立三年，百姓以仁遂

yān qǐ bì jìn rén shī yún hè hè Shī
焉，岂必尽仁？”《诗》云：“‘赫赫师

yǐn mín jù ěr zhān fǔ xíng yuē yì rén yǒu
尹，民具尔瞻。’《甫刑》曰：‘一人有

qìng zhào mín lài zhī dà yǎ yuē chéng wáng zhī
庆，兆民赖之。’《大雅》曰：‘成王之

fú xià tǔ zhī shì
孚，下土之式。’”

zǐ yuē shàng hào rén zé xià zhī wéi rén zhēng xiān
子曰："上好仁，则下之为仁争先
rén gù zhǎng mín zhě zhāng zhì zhēn jiào zūn rén yǐ zǐ
人。故长民者章志、贞教、尊仁，以子
ài bǎi xìng mín zhì xíng jǐ yǐ yuè qí shàng yǐ shī
爱百姓，民致行己以说(悦)其上矣。《诗》
yún yǒu gù de xíng sì guó shùn zhī
云：'有梏德行，四国顺之。'"

zǐ yuē wáng yán rú sī qí chū rú lún wáng yán
子曰："王言如丝，其出如纶。王言
rú lún qí chū rú fú gù dà rén bú chàng yóu yán kě
如纶，其出如綍。故大人不倡游言。可
yán yě bù kě xíng jūn zǐ fú yán yě kě xíng yě bù kě
言也不可行，君子弗言也。可行也不可
yán jūn zǐ fú xíng yě zé mín yán bù wēi xíng ér xíng
言，君子弗行也。则民言不危行，而行
bù wēi yán yǐ shī yún shū shèn ěr zhǐ bù qiān
不危言矣。《诗》云：'淑慎尔止，不愆
yú yí
于仪。'"

zǐ yuē jūn zǐ dǎo rén yǐ yán ér jìn rén yǐ
子曰："君子道(导)人以言，而禁人以
xíng gù yán bì lǜ qí suǒ zhōng ér xíng bì jī qí suǒ
行。故言必虑其所终，而行必稽其所

bì zé mín jǐn yú yán ér shèn yú xíng shī yún
敝，则民谨于言而慎于行。《诗》云：

shèn ěr chū huà jìng ěr wēi yí dà yǎ yuē
‘慎尔出话，敬尔威仪。’《大雅》曰：

mù mù Wén wáng wū jī xī jìng zhǐ
‘穆穆文王，於缉熙敬止。’”

zǐ yuē zhǎng mín zhě yī fú bú èr cóng róng yǒu
子曰：“长民者，衣服不贰，从容有

cháng yǐ qí qí mín zé mín dé yī shī yún bǐ
常，以齐其民，则民德壹。《诗》云：‘彼

dū rén shì hú qiú huáng huáng qí róng bù gǎi chū yán yǒu
都人士，狐裘黄黄。其容不改，出言有

zhāng xíng guī yú Zhōu wàn mín suǒ wàng
章。行归于周，万民所望。’”

zǐ yuē wéi shàng kě wàng ér zhī yě wéi xià kě shù
子曰：“为上可望而知也，为下可述

ér zhì yě zé jūn bù yí yú qí chén ér chén bú huò yú
而志也，则君不疑于其臣，而臣不惑于

qí jūn yǐ yǐn gào yuē wéi Yǐn gōng jí Tāng xián
其君矣。《尹告》曰：‘惟尹躬及汤，咸

yǒu yī dé shī yún shū rén jūn zǐ qí yí
有壹德。’《诗》云：‘淑人君子，其仪

bú tè
不忒。’”

zǐ yuē yǒu guó zhě zhāng yì dǎn è yǐ shì mín
子曰：“有国者章义瘅恶，以示民
hòu zé mín qíng bú èr shī yún jìng gōng ěr wèi
厚，则民情不贰。《诗》云：‘靖共尔位，
hào shì zhèng zhí
好是正直。’”

zǐ yuē shàng rén yí zé bǎi xìng huò xià nán zhī
子曰：“上人疑则百姓惑，下难知
zé jūn zhǎng láo gù jūn mín zhě zhāng hǎo yǐ shì mín sú
则君长劳。故君民者，章好以示民俗，
shèn è yǐ yù mín zhī yín zé mín bú huò yǐ chén yì
慎恶以御民之淫，则民不惑矣。臣义
xíng bú zhòng cí bù yuán qí suǒ bù jí bù fán qí suǒ
行，不重辞，不援其所不及，不烦其所
bù zhì zé jūn bù láo yǐ shī yún shàng dì bǎn
不知，则君不劳矣。《诗》云：‘上帝板
bǎn xià mín zú dǎn xiǎo yǎ yuē fěi qí zhǐ
板，下民卒瘅。’《小雅》曰：‘匪其止
gōng wéi wáng zhī qióng
共，惟王之邛。’”

zǐ yuē zhèng zhī bù xíng yě jiào zhī bù chéng yě
子曰：“政之不行也，教之不成也，
jué lù bù zú quàn yě xíng fá bù zú chǐ yě gù shàng bù
爵禄不足劝也，刑罚不足耻也。故上不

kě yǐ xiè xíng ér qīng jué kāng gào yuē jìng míng nǎi
可以亵刑而轻爵。《康诰》曰：'敬明乃
fá fǔ xíng yuē bō xíng zhī bù dí
罚。'《甫刑》曰：'播刑之不迪。'"

zǐ yuē dà chén bù qīn bǎi xìng bù níng zé zhōng
子曰："大臣不亲，百姓不宁，则忠
jìng bù zú ér fù guì yǐ guò yě dà chén bú zhì ér
敬不足，而富贵已过也。大臣不治，而
ěr chén bǐ yǐ gù dà chén bù kě bú jìng yě shì mín zhī
迩臣比矣。故大臣不可不敬也，是民之
biǎo yě ěr chén bù kě bú shèn yě shì mín zhī dào yě
表也。迩臣不可不慎也，是民之道也。
jūn wú yǐ xiǎo móu dà wú yǐ yuǎn yán jìn wú yǐ nèi tú
君毋以小谋大，毋以远言近，毋以内图
wài zé dà chén bú yuàn ěr chén bù jí ér yuǎn chén bú bì
外，则大臣不怨，迩臣不疾，而远臣不蔽
yǐ Yè gōng zhī gù mìng yuē wú yǐ xiǎo móu bài
矣。叶公之《顾命》曰：'毋以小谋败
dà zuò wú yǐ bì yù rén jí zhuāng hòu wú yǐ bì yù
大作，毋以嬖御人疾庄后，毋以嬖御
shì jí zhuāng shì dà fū qīng shì zǐ yuē dà
士疾庄士大夫、卿、士。'"子曰："大
rén bù qīn qí suǒ xián ér xìn qí suǒ jiàn mín shì yǐ
人不亲其所贤，而信其所贱。民是以

cīn shī ér jiào shì yǐ fán shī yún bǐ qiú wǒ
亲失，而教是以烦。《诗》云：‘彼求我

zé rú bù wǒ dé zhí wǒ qiú qiú yì bù wǒ lì
则，如不我得。执我仇仇，亦不我力。’

jūn chén yuē wèi jiàn shèng ruò jǐ fú kè jiàn jì
《君陈》曰：‘未见圣，若己弗克见。既

jiàn shèng yì bú kè yóu shèng
见圣，亦不克由圣。’”

zǐ yuē xiǎo rén nì yú shuǐ jūn zǐ nì yú kǒu
子曰：“小人溺于水，君子溺于口，

dà rén nì yú mín jiē zài qí suǒ xiè yě fú shuǐ jìn
大人溺于民，皆在其所亵也。夫水近

yú rén ér nì rén dé yì xiá ér nán qīn yě yì yǐ nì
于人而溺人，德易狎而难亲也，易以溺

rén kǒu fèi ér fán yì chū nán huǐ yì yǐ nì rén fú
人。口费而烦，易出难悔，易以溺人。夫

mín bì yú rén ér yǒu bǐ xīn kě jìng bù kě màn yì
民闭于人而有鄙心，可敬不可慢，易

yǐ nì rén gù jūn zǐ bù kě yǐ bú shèn yě tài
以溺人。故君子不可以不慎也。《大(太)

jiǎ yuē wú yuè jué mìng yǐ zì fù yě ruò
甲》曰：‘毋越厥命，以自覆也’。‘若

yú jī zhāng wǎng xǐng kuò yú jué dù zé shì yuè
虞机张，往省括于厥度则释。’《兑(说)

mìng yuē wéi kǒu qǐ xiū wéi jiǎ zhòu qǐ bīng wéi yī
命》曰：‘惟口起羞，惟甲胄起兵，惟衣

cháng zài sì wéi gān gē xǐng jué gōng tài jiǎ yuē
裳在笥，惟干戈省厥躬。’《大太甲》曰：

tiān zuò niè kě wéi yě zì zuò niè bù kě yǐ huàn
‘天作孽，可违也，自作孽，不可以逭。

yǐn gào yuē wéi Yǐn gōng xiān jiàn yú xī yì Xià
《尹告》曰：‘惟尹躬先，见于西邑夏，

zì zhōu yǒu zhōng xiàng yì wéi zhōng
自周有终，相亦惟终。’”

zǐ yuē mín yǐ jūn wéi xīn jūn yǐ mín wéi tǐ
子曰：“民以君为心，君以民为体。

xīn zhuāng zé tǐ shū xīn sù zé róng jìng xīn hào zhī
心庄则体舒，心肃则容敬。心好之，

shēn bì ān zhī jūn hào zhī mín bì yù zhī xīn yǐ tǐ
身必安之；君好之，民必欲之。心以体

quán yì yǐ tǐ shāng jūn yǐ mín cún yì yǐ mín wáng
全，亦以体伤；君以民存，亦以民亡。

shī yún xī wú yǒu xiān zhèng qí yán míng qiě qīng
《诗》云：‘昔吾有先正，其言明且清，

guó jiā yǐ níng dū yì yǐ chéng shù mín yǐ shēng shuí néng
国家以宁，都邑以成，庶民以生。谁能

bǐng guó chéng bú zì wéi zhèng zú láo bǎi xìng jūn
秉国成？不自为正，卒劳百姓。’《君

yǎ yuē xià rì shǔ yǔ xiǎo mín wéi yuē yuàn zī dōng
雅》曰：‘夏日暑雨，小民惟曰怨。资冬

qí hán xiǎo mín yì wéi yuē yuàn
祁寒，小民亦惟曰怨。’”

zǐ yuē xià zhī shì shàng yě shēn bú zhèng yán bú
子曰：“下之事上也，身不正，言不

xìn zé yì bù yī xíng wú lèi yě zǐ yuē yán
信，则义不壹，行无类也。”子曰：“言

yǒu wù ér xíng yǒu gé yě shì yǐ shēng zé bù kě duó zhì
有物而行有格也，是以生则不可夺志，

sǐ zé bù kě duó míng gù jūn zǐ duō wén zhì ér shǒu
死则不可夺名。故君子多闻，质而守

zhī duō zhì zhì ér qīn zhī jīng zhī lüè ér xíng zhī
之；多志，质而亲之；精知，略而行之。

jūn chén yuē chū rù zì ěr shī yú shù yán tóng
《君陈》曰：‘出入自尔，师虞庶言同。’

shī yún shū rén jūn zǐ qí yí yī yě
《诗》云：‘淑人君子，其仪一也。’”

zǐ yuē wéi jūn zǐ néng hào qí zhèng xiǎo rén dú
子曰：“唯君子能好其正，小人毒

qí zhèng gù jūn zǐ zhī péng yǒu yǒu xiāng qí wù yǒu fāng
其正。故君子之朋友有乡，其恶有方。

shì gù ěr zhě bú huò ér yuǎn zhě bù yí yě shī
是故迩者不惑，而远者不疑也。《诗》

yún jūn zǐ hào qiú
云：‘君子好仇。’”

zǐ yuē qīng jué pín jiàn ér zhòng jué fù guì zé hào xián bù jiān ér wù è bú zhù yě rén suī yuē bú lì wú bú xìn yě shī yún péng yǒu yōu shè shè yǐ wēi yí
子曰：“轻绝贫贱，而重绝富贵，则好贤不坚，而恶恶不著也。人虽曰‘不利’，吾不信也。《诗》云：‘朋友攸摄，摄以威仪。’”

zǐ yuē sī huì bù guī dé jūn zǐ bú zì liú yān shī yún rén zhī hào wǒ shì wǒ zhōu háng
子曰：“私惠不归德，君子不自留焉。《诗》云：‘人之好我，示我周行。’”

zǐ yuē gǒu yǒu chē bì jiàn qí shì gǒu yǒu yī bì jiàn qí bì rén gǒu huò yán zhī bì wén qí shēng gǒu huò xíng zhī bì jiàn qí chéng gé tán yuē fú zhī wú yì
子曰：“苟有车，必见其轼；苟有衣，必见其敝。人苟或言之，必闻其声；苟或行之，必见其成。《葛覃》曰：‘服之无射。’”

zǐ yuē yán cóng ér xíng zhī zé yán bù kě shì
子曰：“言从而行之，则言不可饰

也。行从而言之，则行不可饰也。故君子寡言而行，以成其信，则民不得大其美而小其恶。《诗》云：‘白圭之玷，尚可磨也。斯言之玷，不可为也。’《小雅》曰：‘允也君子，展也大成。’《君奭》曰：‘昔在上帝，周田观文王之德，其集大命于厥躬。’”

子曰：“南人有言曰：‘人而无恒，不可以为卜筮。’古之遗言与【欤】？龟筮犹不能知也，而况于人乎？《诗》云：‘我龟既厌，不我告犹。’《兑【说】命》曰：‘爵无及恶德。’民立而正事，纯而祭祀，

shì wéi bú jìng shì fán zé luàn shì shén zé nán yì
是为不敬。事烦则乱，事神则难。《易》

yuē bù héng qí dé huò chéng zhī xiū héng qí dé zhēn
曰：'不恒其德，或承之羞。恒其德侦

fù rén jí fū zǐ xiōng
妇人吉，夫子凶。'"

rú xíng dì sì shí yī
儒行第四十一

Lǔ āi gōng wèn yú Kǒng zǐ yuē fū zǐ zhī fú qí rú fú yú
鲁哀公问于孔子曰："夫子之服，其儒服与欤？"

Kǒng zǐ duì yuē Qiū shào jū Lǔ yì féng yè zhī yī zhǎng jū Sòng guàn zhāng fǔ zhī guān
孔子对曰："丘少居鲁，衣逢掖之衣；长居宋，冠章甫之冠。

Qiū wén zhī yě jūn zǐ zhī xué yě bó qí fú yě xiāng Qiū bù zhī rú fú
丘闻之也，君子之学也博，其服也乡。丘不知儒服。"

Āi gōng yuē gǎn wèn rú xíng
哀公曰："敢问儒行？"

Kǒng zǐ duì yuē jù shǔ zhī bù néng zhōng qí wù xī shǔ zhī nǎi liú gēng pú wèi kě zhōng yě
孔子对曰："遽数之不能终其物，悉数之乃留。更仆，未可终也。"

Āi gōng mìng xí Kǒng zǐ shì yuē rú yǒu xí shàng zhī zhēn yǐ dài pìn sù yè qiǎng xué yǐ dài wèn huái zhōng
哀公命席，孔子侍曰："儒有席上之珍以待聘，夙夜强学以待问，怀忠

xìn yǐ dài jǔ lì xíng yǐ dài qǔ qí zì lì yǒu rú cǐ zhě
信以待举，力行以待取。其自立有如此者。

rú yǒu yī guān zhōng dòng zuò shèn qí dà ràng rú màn xiǎo ràng rú wěi dà zé rú wēi xiǎo zé rú kuì
“儒有衣冠中，动作慎。其大让如慢，小让如伪。大则如威，小则如愧。

qí nán jìn ér yì tuì yě yù yù ruò wú néng yě qí róng mào yǒu rú cǐ zhě
其难进而易退也。粥粥若无能也。其容貌有如此者。

rú yǒu jū chǔ zhāi nàn qí zuò qǐ gōng jìng yán bì xiān xìn xíng bì zhōng zhèng dào tú bù zhēng xiǎn yì zhī lì dōng xià bù zhēng yīn yáng zhī hé ài qí sǐ yǐ yǒu dài yě yǎng qí shēn yǐ yǒu wéi yě qí bèi yù yǒu rú cǐ zhě
“儒有居处齐（斋）难，其坐起恭敬；言必先信，行必中正。道涂不争险易之利，冬夏不争阴阳之和。爱其死以有待也，养其身以有为也。其备豫有如此者。

rú yǒu bù bǎo jīn yù ér zhōng xìn yǐ wéi bǎo
“儒有不宝金玉，而忠信以为宝；

bù qí tǔ dì lì yì yǐ wéi tǔ dì bù qí duō jī
不祈土地，立义以为土地；不祈多积，
duō wén yǐ wéi fù nán dé ér yì lù yě yì lù ér nán
多文以为富。难得而易禄也，易禄而难
xù yě fēi shí bú jiàn bú yì nán dé hū fēi yì bù
畜也。非时不见，不亦难得乎？非义不
hé bú yì nán xù hū xiān láo ér hòu lù bú yì yì
合，不亦难畜乎？先劳而后禄，不亦易
lù hū qí jìn rén yǒu rú cǐ zhě
禄乎？其近人有如此者。

rú yǒu wěi zhī yǐ huò cái yān zhī yǐ lè hào
“儒有委之以货财，淹之以乐好，
jiàn lì bù kuī qí yì jié zhī yǐ zhòng jǔ zhī yǐ bīng
见利不亏其义；劫之以众，沮之以兵，
jiàn sǐ bù gēng qí shǒu zhì chóng jué bó bù chéng yǒng zhě
见死不更其守；鸷虫攫搏，不程勇者；
yǐn zhòng dǐng bù chéng qí lì wǎng zhě bù huǐ lái zhě bú
引重鼎，不程其力；往者不悔，来者不
yù guò yán bú zài liú yán bù jí bú duàn qí wēi bù
豫；过言不再，流言不极；不断其威，不
xí qí móu qí tè lì yǒu rú cǐ zhě
习其谋。其特立有如此者。

rú yǒu kě qīn ér bù kě jié yě kě jìn ér bù
“儒有可亲而不可劫也，可近而不

kě pò yě kě shā ér bù kě rǔ yě qí jū chǔ bù
可迫也，可杀而不可辱也。其居处不

yín qí yǐn shí bú rù qí guò shī kě wēi biàn ér bù
淫，其饮食不溽，其过失可微辨而不

kě miàn shǔ yě qí gāng yì yǒu rú cǐ zhě
可面数也。其刚毅有如此者。

rú yǒu zhōng xìn yǐ wéi jiǎ zhòu lǐ yì yǐ wéi gān
“儒有忠信以为甲胄，礼义以为干

lǔ dài rén ér xíng bào yì ér chǔ suī yǒu bào zhèng
橹；戴仁而行，抱义而处；虽有暴政，

bù gēng qí suǒ qí zì lì yǒu rú cǐ zhě
不更其所。其自立有如此者。

rú yǒu yì mǔ zhī gōng huán dǔ zhī shì bì mén
“儒有一亩之宫，环堵之室，筚门

guī yú péng hù wèng yǒu yì yī ér chū bìng rì ér shí
圭窬，蓬户瓮牖；易衣而出，并日而食；

shàng dá zhī bù gǎn yǐ yí shàng bù dá bù gǎn yǐ
上答之，不敢以疑；上不答，不敢以

chǎn qí shì yǒu rú cǐ zhě
谄。其仕有如此者。

rú yǒu jīn rén yǔ jū gǔ rén yǔ jī jīn shì
“儒有今人与居，古人与稽；今世

xíng zhī hòu shì yǐ wéi kǎi shì fú féng shì shàng fú
行之，后世以为楷；适弗逢世，上弗

yuán xià fǔ tuī chán chǎn zhī mín yǒu bǐ dǎng ér wēi zhī
援，下弗推；谗谄之民，有比党而危之

zhě shēn kě wēi yě ér zhì bù kě duó yě suī wēi qǐ
者，身可危也，而志不可夺也；虽危，起

jū jìng shēn qí zhì yóu jiāng bú wàng bǎi xìng zhī bìng yě
居竟信伸其志，犹将不忘百姓之病也。

qí yōu sī yǒu rú cǐ zhě
其忧思有如此者。

rú yǒu bó xué ér bù qióng dǔ xíng ér bú juàn
“儒有博学而不穷，笃行而不倦；

yōu jū ér bù yín shàng tōng ér bú kùn lǐ zhī yǐ hé
幽居而不淫，上通而不困；礼之以和

wéi guì zhōng xìn zhī měi yōu yóu zhī fǎ mù xián ér róng
为贵，忠信之美，优游之法；慕贤而容

zhòng huǐ fāng ér wǎ hé qí kuān yù yǒu rú cǐ zhě
众，毁方而瓦合。其宽裕有如此者。

rú yǒu nèi chēng bú bì qīn wài jǔ bú bì
“儒有内称不辟避亲，外举不辟避

yuàn chéng gōng jī shì tuī xián ér jìn dá zhī bú wàng qí
怨；程功积事，推贤而进达之，不望其

bào jūn dé qí zhì gǒu lì guó jiā bù qiú fù guì qí
报；君得其志，苟利国家，不求富贵。其

jǔ xián yuán néng yǒu rú cǐ zhě
举贤援能有如此者。

rú yǒu wén shàn yǐ xiāng gào yě jiàn shàn yǐ xiāng shì
“儒有闻善以相告也，见善以相示

yě jué wèi xiāng xiān yě huàn nàn xiāng sǐ yě jiǔ xiāng dài
也，爵位相先也，患难相死也，久相待

yě yuǎn xiāng zhì yě qí rèn jǔ yǒu rú cǐ zhě
也，远相致也。其任举有如此者。

rú yǒu zǎo shēn ér yù dé chén yán ér fú jìng
“儒有澡身而浴德，陈言而伏，静

ér zhèng zhī shàng fú zhī yě cū ér qiào zhī yòu bù jí
而正之；上弗知也，粗而翘之，又不急

wéi yě bù lín shēn ér wéi gāo bù jiā shǎo ér wéi duō shì
为也；不临深而为高，不加少而为多；世

zhì bù qīng shì luàn bù jǔ tóng fú yǔ yì fú fēi yě
治不轻，世乱不沮；同弗与，异弗非也。

qí tè lì dú xíng yǒu rú cǐ zhě
其特立独行有如此者。

rú yǒu shàng bù chén tiān zǐ xià bú shì zhū hóu
“儒有上不臣天子，下不事诸侯；

shèn jìng ér shàng kuān qiáng yì yǐ yǔ rén bó xué yǐ zhī
慎静而尚宽，强毅以与人；博学以知

fú jìn wén zhāng dǐ lì lián yú suī fēn guó rú zī
服；近文章，砥厉廉隅；虽分国，如锱

zhū bù chén bú shì qí guī wéi yǒu rú cǐ zhě
铢，不臣不仕。其规为有如此者。

rú yǒu hé zhì tóng fāng yíng dào tóng shù bìng lì
“儒有合志同方，营道同术，并立

zé lè xiāng xià bú yàn jiǔ bù xiāng jiàn wén liú yán bú
则乐；相下不厌，久不相见，闻流言不

xìn qí xíng běn fāng lì yì tóng ér jìn bù tóng ér tuì
信。其行本方立义，同而进，不同而退。

qí jiāo yǒu yǒu rú cǐ zhě
其交友有如此者。

wēn liáng zhě rén zhī běn yě jìng shèn zhě rén
“温良者，仁之本也。敬慎者，仁

zhī dì yě kuān yù zhě rén zhī zuò yě xùn jiē
之地也。宽裕者，仁之作也。孙[逊]接

zhě rén zhī néng yě lǐ jié zhě rén zhī mào yě yán
者，仁之能也。礼节者，仁之貌也。言

tán zhě rén zhī wén yě gē lè zhě rén zhī hé yě
谈者，仁之文也。歌乐者，仁之和也。

fēn sàn zhě rén zhī shī yě rú jiē jiān cǐ ér yǒu zhī
分散者，仁之施也。儒皆兼此而有之，

yóu qiě bù gǎn yán rén yě qí zūn ràng yǒu rú cǐ zhě
犹且不敢言仁也。其尊让有如此者。

rú yǒu bù yǔn huò yú pín jiàn bù chōng qū yú fù
“儒有不陨穫于贫贱，不充诎于富

guì bù kǔn jūn wáng bù lěi zhǎng shàng bù mǐn yǒu sī gù
贵；不慁君王，不累长上，不闵有司，故

yuē rú jīn zhòng rén zhī mìng rú yě wàng cháng yǐ rú xiāng
曰儒。今众人之命儒也妄，常以儒相

gòu bìng
诟病。”

Kǒng zǐ zhì shè Āi gōng guǎn zhī wén cǐ yán yě
孔子至舍，哀公馆之，闻此言也，

yán jiā xìn xíng jiā yì zhōng mò wú shì bù gǎn yǐ
言加信，行加义，“终没吾世，不敢以

rú wéi xì
儒为戏”。

跋：记住2018

2018年是值得记住的。这一年，北京四海经典文化传播中心与华夏出版社决定联合推出中华经典诵读工程新版丛书，这是继2005年北京四海经典文化传播中心与中华书局联合推出该丛书十三年之后又一次新的出版行动。

回望以往，北京四海经典文化传播中心致力于推动儿童经典诵读工程，转眼已20年，在这20年当中，中国发生了翻天覆地的变化，中华优秀传统文化的普及和弘扬同样也发生了翻天覆地的变化。赵朴初、任继愈、南怀瑾、汤一介等很多老前辈都已经离开了，他们当年以焦急迫切的心，呼吁社会、政府重视传统文化的普及、研究，如今已成为现实。2017年1月25日，中共中央办公厅、国务院办公厅联合下发了《关于实施中华优秀传统文化传承发展工程的意见》，教育部在此前也制订了《完善中华优秀传统文化教育指导纲要》，开展了“礼敬中华优秀传统文化”系列活动。两办文件指出，实施中华优秀传统文化传承发展工程，是建设社会主义文化强国的重大战略任务，对于传承中华文脉、全面提升人民群众文化素养、维护国家文化安全、增强国家文化软实力、推进国家治理体系和治理能力现代化，具有重要意义。要求深入阐发文化精髓，将传统文化教育贯穿国民教育终始，并以大众喜闻乐见的方式，融入人民的生产生活当中；有效推动中华优秀传统文化的创造性转化和创新性发展，推动中华文化走向世界、提升国家文化软实力。

党的十九大报告中，习近平总书记明确提出：“深入挖掘中华优秀传统文化蕴含的思想观念、人文精神、道德规范，结合时代要求继承创新，让中华文化展现出永久魅力和时代风采。”中华优秀传统文化是中华民族的血脉和基因，是构筑中国梦和中华民族伟大复兴的坚强基石。教育承担着弘扬和宣传中华优秀传统文化的使命。

弘扬中华优秀传统文化已成为新时代中国梦的重要组成部分，也是习近平总书记文化自信与治国理政的重要思想。政府和社会对传统文化的弘扬如此重视，这已足以告慰那些老前辈。

四海孔子书院，12年前在北京西山创办，在其前身——北京四海儿童经典导读教育中心、北京四海经典文化传播中心，发起推动的儿童经典诵读工程基础之上，将中华优秀传统文化转化成具体的办学教学实践。十多年下来，师生躬耕西山，逐步积累了一套课程教学管理师资体系。在书院创办十年的时候，就有不少海内外的师长、师友建议，将四海这十多年来的办学实践、经验教训，加以系统的总结整理，变成体制内外大家可以参考的内容。其中，课程和教材是一个重要的方面。基于此，四海孔子书院与华夏出版社联合成立专门机构，开始着手基于书院办学实践、课程教学的设计、生活修身运用，进行系统的编辑整理，形成系列的课程读本与教材。本次出版的丛书是第一辑基础读本，重点是儒家经典的读诵。

书院教育依循夫子，除了每日读诵经典，还要贯彻夫子的心性之学与礼乐之教，将经典的精神，化为书院师生的日常生活与修身落实。经典不仅仅是用脑子记，更要用我们的身体去行。按照王阳明先生的说法，真知在笃行当中，唯有在真切笃诚的行动当中，方有真知。书院教育，重视日常生活，以儒学的中庸来看，君子的终日乾乾与戒慎恐惧，须常常在一个自我与他人的时时警觉与提醒当中，而书院师生的朝夕相处、共同生活，则提供了最好的场域与氛围。

培养现代中国汇通中西的士君子，是书院教育的使命。为此，书院教育从这两个方面落实展开：一方面，注重老师的素质、学问、能力；另一方面，注重孩子们的基本态度和生活习惯的培养。我们深深明白，学以成人，书院欲培养一支中国文化的精锐力量，必须在日常生活的点点滴滴进行刻意的练习。犹如吃饭、走路、穿衣、睡觉、习劳等等，这些看似极为平常的行为，却是书院教育的重点所在。人莫不饮食也，但鲜能知味也。在儒家看来，人的日常行为，均能涵养德行。从对周边事事物物的体察，到进出应对、待人接物的态度和行为，都是累积德行的过程与方法。故书院教育日常强调，居敬存诚，持守诚敬，方能郑重其事，惟精惟一。

本次出版的这套读本，依然保持了传统读经本的特点，大字、拼音、指读、背诵。这是进入中国经典最基础、最本质的办法，铺就孩子中国文化的底色。时下，依然有不少人反对儿童读经，认为时代不同了，不需要孩子再大量背诵经典了。岂不知，经典无古今，经典是常理常道，无论生活在怎样的时代，这些根植于天道人心的经典，都是需要熟读于心的。经典是圣人的心，小朋友心性纯洁，与经典最能相应，先背下来，没有负担，慢慢长大，用一生去理解，这是学习经典最好的方法。但也不能把一味读经当成经典教育的全部，读了一定要解，还要行，还要悟。儒学的学习过程必须伴随血汗、泪水，还要经历世上的风霜。事上磨，心上练，长年的累积，方有功夫可言。

四海经历了20年的传统文化普及和弘扬以及书院办学实践，其间也走了一些弯路。一开始，我们让孩子们长时间大量读经，慢慢发现，孩子的心灵成长需要有丰富的养分，单单读经是不够的；进而改为缩短读经时间，增加礼乐、艺术与人文课程，孩子们快乐了很多。后又把读经变成富有音乐节奏的读书，让孩子们定四声，查韵目，断句读，并适度解读经典的义理，结合画面，配合现代语文教学，形成书院独有的经籍、治经与国文教学搭配融合的教学模式，孩子们喜欢，老师也渐入佳境，效果很好。随着书院儒师院的创办，我们也会把书院的办学探索与经验进行整理总结，与大家分享。

读经的孩子是有福的，读经的家庭是幸福的。愿读经之声遍及朝野，文化中国，再造不远。

是为后记。

冯哲

2018年夏　西山

图书在版编目（CIP）数据

礼记（选）/ 北京四海经典文化传播中心编．— 北京：华夏出版社，2018.10（2023.8 重印）

（中华经典诵读工程丛书）

ISBN 978-7-5080-9531-8

Ⅰ．①礼… Ⅱ．①北… Ⅲ．①礼仪－中国－古代②《礼记》－儿童读物 Ⅳ．① K892.9-49

中国版本图书馆 CIP 数据核字（2018）第 168821 号

礼 记（选）

LI JI

编　　者 北京四海经典文化传播中心
策　　划 冯　哲 冯　磊 陈振宇 张　平
责任编辑 裘挹红 卫清静

出版发行 华夏出版社有限公司
经　　销 北京华夏元道文化传媒有限公司
印　　刷 三河市少明印务有限公司
装　　订 三河市少明印务有限公司
版　　次 2018 年 10 月北京第 1 版
2023 年 8 月北京第 6 次印刷
开　　本 850mm × 1168mm　1/16
印　　张 8.75
印　　数 21001-24000 册
字　　数 49 千字
定　　价 17.00 元

华夏出版社有限公司　地址：北京市东直门外香河园北里 4 号　邮编：100028
网址：www.hxph.com.cn　电话：（010）64613981

若发现本版图书有印装质量问题，请与我社营销中心联系调换。